INDIANERLAND

BUCHER

NORTH
9

INDIANERLAND

Bei den Cheyenne, Lakota und Blackfoot

Christian Heeb • Friedrich Horlacher

Inhalt

Seite 1: Zwischen Tradition und Moderne: Wird diese Cheyenne den Spagat schaffen, der der Jugend in den Reservaten abverlangt wird? – Seite 2/3: Blackfoot-Indianer, North American Indian Days Celebration in Browning (Montana). Zeremonielle Handlungen folgen einem genauen Protokoll, das innerhalb von (Geheim-)Bünden, Klans und Familien von Generation zu Generation weitergereicht wird. – Seite 4/5: Das Mountain Man Rendezvous von Red Lodge (Montana) erinnert an jene vergangenen Jahre, in denen sich Indianer, Trapper samt Squaws und Pelzhändler alljährlich trafen, um ihre Waren zu tauschen und miteinander zu feiern.

Im Cypress Hills Interprovincial Park, Südwestsaskatchewan (Kanada), einst Stammland der Arapaho.

Morgenstimmung am Big Muddy (großer Schmutzfink), wie der Volksmund den Missouri im 19. Jahrhundert nannte.

Crow-Indianer posieren als Krieger im Grasland von Montana.

Licht- und Farbenspiele in der mondartigen Welt der Badlands (South Dakota).
Oberstleutnant George Armstrong Custer, sprach von einer Hölle ohne Feuer.

Auch ein Geistertanzpriester und Heiler verzichtet ungern auf den Beistand eines Maskottchens. Der Lakota Ron Hawks mit Teddybär am Steuer seines Van.

Prärie-Architektur: Tipigerüste im Abendlicht.

Bei launischem Wetter auf dem Sparks Lake im Cascade Range von Oregon.

Indianerland – die Heimat der großen Reiterstämme

Indianische Frau im Festgewand während eines Powwows in Montana.

Indianerland – das sind die heutigen US-Bundesstaaten North und South Dakota, Wyoming und Montana, ein Gebiet von über einer Million Quadratkilometern. Dort, in der Großen Ebene zwischen Missouri und Rocky Mountains, ist die Heimat der reitenden Indianerstämme.

Die Unendlichkeit des Raumes

Charakteristisch für dieses Land ist die schiere Unendlichkeit des Raumes, die der nach Westen reisende Automobilist geradezu physisch erfährt. Nachdem er eine kleine Ewigkeit die baumlose Ebene des Mississippibeckens und die Prairie Plains im östlichen Dakota durchquert hat – bei Hitze und gleißendem Sonnenlicht, das dem Highway in der Ferne flimmernde Konturen und den Augenlidern eine bleierne Schwere verleiht –, sieht er sich unvermittelt von einer Landschaftsterrasse zur nächsten gehoben. Das Sonnenlicht bleibt das gleiche, die Baumlosigkeit auch, nur atmen lässt es sich leichter, und die Hitze wird erträglicher. Der Reisende hat die Great Plains, die Große Ebene, erklommen und damit eine Klimagrenze überschritten, die irgendwo um den 98. Längengrad liegt. Ehe der Pflug des weißen Mannes das Antlitz der Erde hier veränderte, hatte sie den Übergang von der Langgras- zur Kurzgrasprärie markiert. Westlich dieser Grenze sinkt die Niederschlagsmenge unter 500 Millimeter jährlich; die Winter mit ihren eisigen Nordwinden sind kalt, die Sommer heiß und durchsetzt von gewaltigen Gewitter- und Hagelstürmen.

Beim Anblick des sanft gewellten Landes und des im Wind wogenden Grases drängte sich Dichtern des 19. Jahrhunderts der Vergleich mit dem Meer auf. Die nach Westen rollenden Planwagen erinnerten an Segelschiffe und hießen im Volksmund bald auch »Prärieschoner«. Den Reisenden von heute mögen angesichts der sich rhythmisch wiegenden Getreidefelder ähnliche Gedanken befallen. Dass die Einförmigkeit der Landschaft nicht zur Eintönigkeit gerät, verhindern neben dem unablässig wechselnden Licht eigenartige Erhebungen, die steil und scheinbar unmotiviert in den Himmel ragen. Die ersten Weißen der Region, Franzosen, nann-

Mit den Pferden spanischer Eroberer ins Land gekommenes Araberblut verleiht den Ponys der Indianer Wendigkeit, Schnelligkeit und Ausdauer. Auf der Jagd und im Krieg wurden sie zu unersetzlichen Helfern.

ten sie *buttes*, was die Amerikaner übernahmen, weil weder *hill* (zu niedrig) noch *mountain* (zu hoch) zu passen schien. Landschaftliche Akzente setzen aber auch von Bäumen und Gesträuch gesäumte Wasserläufe, bizarre, durch Erosion entstandene Erd- und Gesteinsformationen wie die Badlands in South Dakota und malerische Mittelgebirgslandschaften wie die Black Hills.

So plötzlich wie die Große Ebene am 98. Längengrad beginnt, so abrupt endet sie an den Rocky Mountains. Die Linie des Übergangs verläuft von Denver (Colorado) in nordwestlicher Richtung und teilt Wyoming im Verhältnis zwei zu eins in Berge im Westen und Ebene im Osten, während für Montana das umgekehrte Verhältnis gilt.

Die Rocky Mountains, die in Wyoming mit mehreren Viertausendern aufwarten, setzen sich aus Gebirgszügen zusammen, die in nordsüdlicher Richtung verlaufen und durch zum Teil üppige Ebenen und Täler voneinander getrennt sind. Die tieferen Lagen der Gebirge sind bedeckt von Kiefern-, Fichten- und Tannenwäldern, in denen Reh, Hirsch, Elch, Bär und vereinzelt noch der Grizzly beheimatet sind. Charakteristische Ökosysteme der Hochlagen sind Tundra, Fels und Gletscher; Wüste findet sich in Teilen des Bighorn Basin sowie im Great Divide Basin und dessen Umgebung. Letzteres stellt noch in anderer Hinsicht eine geophysische Kuriosität dar: Während die sich durch West-Wyoming und Montana windende kontinentale Wasserscheide eine Trennlinie zwischen den einzelnen Flusssystemen zieht, teilt sie sich in Zentral-Wyoming vorübergehend und folgt den beiden Rändern eines riesigen Beckens, in dem das spärlich anfallende Wasser spurlos versickert. Zu den spektakulärsten Landschaften dieser Bergwelt zählen die Teton Range, die Bighorn Mountains und das Yellowstone-Land in Wyoming sowie der Glacier National Park in Montana.

In den vier Bundesstaaten des Indianerlands leben heute etwa 2,8 Millionen Menschen. Die Region gehört damit zu den am dünnsten besiedelten Gebieten der USA – nur der Wüstenstaat Nevada weist weniger Einwohner pro Quadratkilometer auf. Die Mehrzahl der Menschen lebt auf dem Land oder in Kleinstädten. Die wenigen größeren Städte entwickelten sich aus Eisenbahnknotenpunkten, aus Markt- und Versorgungszentren für Vieh-, Land- und Forstwirtschaft oder aus Bergbau-Camps. Lediglich Sioux Falls (South Dakota) hat es mit seinen knapp 110 000 Einwohnern zur Großstadt gebracht. Zuweilen scheint es, als verlören sich die menschlichen

Zwei von unzähligen Wasserfällen im Glacier National Park (Montana). Links: Running Eagle Falls. Rechts: Virginia Falls.

Habitate in der Weite des Raumes – wären da nicht die schlanken Getreidesilos, die futuristisch anmutenden Wassertürme und die Wasser fördernden Windräder, mit denen sie sich schon von Weitem ankündigen.

Das Land der Indianer

Beschwörende Geste an den Großen Geist: Betet der Navajo im Monument Valley (Utah) um Regen?

Um die Wende zum 19. Jahrhundert war die Region Lebensraum von über zwei Dutzend indianischen Nationen, darunter mehrere Dakota (alias Sioux)-Völker sowie die Yankton, Arikara, Hidatsa, Mandan, Cheyenne, Arapaho, Comanche, Shoshone, Crow, Assiniboin, Ojibwa, Cree, Gros Ventre, Blakfoot und Flathead. Nur wenige waren ursprünglich hier beheimatet: Die Cheyenne hatten Ackerbau am oberen Missouri betrieben, während Ojibwa, Cree und Blackfoot als Jäger in den Waldgebieten des Ostens, die Comanche und Shoshone auf den kargen Hochplateaus westlich der Rocky Mountains gelebt hatten. Die Sioux und die Crow waren eigentlich sesshafte Präriebauern gewesen, die dem Druck nach Westen drängender weißer Siedler hatten weichen müssen oder aber freiwillig ihre traditionellen Lebensformen aufgegeben hatten: Das Pferd, das die spanischen Konquistadoren in die Neue Welt gebracht hatten, war in ihr Dasein getreten und eröffnete neue Chancen bei der Jagd auf den Bison. Also hatte man sich bald nach 1700 auf der Großen Ebene eingefunden und mit den eingesessenen Mandan, Hidatsa und ein paar anderen Stämmen eine den natürlichen und materiellen Gegebenheiten angepasste Gesellschaftsform entwickelt, die auf Jagd, Krieg und Raub beruhte. Lebensbedingungen und Lebensweise führten zu ähnlichen Wertvorstellungen, Glaubensinhalten, Ritualen und Verhaltensnormen – trotz erheblicher sprachlicher Differenzen zwischen den einzelnen Nationen. Es entstand eine Reiterkultur, die das Pferd als besondere Gabe des Großen Geistes begriff und sich um 1770 durchgesetzt hatte. Kommunikationsmedium war eine Zeichensprache, die differenzierte Verständigung ermöglichte. Augenzeugen berichten von oft langen, lebhaften »Gesprächen« zwischen Indianern, bei denen kaum ein Wort fiel.

Vor der Ankunft des Pferdes hatten sich die Büffel jagenden Indianer darauf beschränken müssen zu beten und zu warten, bis die Herden kamen. Blieben diese aus, herrschte Not, denn der Bison bedeutete Nahrung sowie Rohstoff für Kleidung, Behausung, Wärme, Waffen und Werkzeug. Die mit dem Pferd gewonnene Mobilität ermöglichte nun jedoch die Verfolgung der Herden über weite Strecken. Überdies konnten weit effizientere Jagd-

Der Fancy Shawl Dance, der nicht zum Repertoire traditioneller Tänze zählt, während eines Powwows. Zu fließenden Bewegungen schwingen die Tänzerinnen einen Tanzschal.

methoden entwickelt werden, weil man die Schnelligkeit und Wendigkeit der Reittiere zu nutzen lernte.

Der neuen Lebensweise fiel vor allem der Ackerbau zum Opfer. Halbnomaden wurden zu Nomaden, was fast zwangsläufig Konflikte heraufbeschwor, wenn sich die Gruppen verschiedener Nationen in die Quere kamen. Chancengleichheit als moralisches Prinzip spielte dabei keine Rolle und irgendein Rechtsbegriff, der Landbesitz geregelt hätte, existierte auch nicht. Daraus konnten Erbfeindschaften entstehen wie jene zwischen den Crow und den Blackfoot, die sich gegenseitig dezimierten, wo immer sich dazu Gelegenheit bot.

Eine der wichtigsten Erscheinungen dieser Kultur war das Tipi, ein schlankes, konisches Zelt, das aus einem Stangengerüst und einer Abdeckung aus Büffelhäuten bestand. Mit dem Tipi war man ungebunden, denn es ließ sich jederzeit und überall problemlos auf- und abbauen. Transportiert wurde es wie alle Habseligkeiten auf einer Stangenschleife (*travois*) aus Zeltstangen, die von einem Pferd oder Hund geschleppt wurde. Lediglich die Mandan, Hidatsa und Arikara in den Dakotas wohnten weiterhin in Erdhäusern und befestigten Dörfern, die sie nur zur Jagd in den Sommermonaten verließen. Sie blieben Halbnomaden.

Bei allen Prärie-Indianern galt Mut als die höchste Tugend. Ihre Riten zeugten davon. So stellte der Sonnentanz der Hidatsa eine symbolische Rekonstruktion der heroischen Vergangenheit ihrer Nation dar. Das Okipa der Mandan sollte das Wohlwollen der Geister beschwören, war aber zugleich auch ein Initiationsritus, in dem Mut und Leidensfähigkeit junger Krieger auf die Probe gestellt wurden. Marter, rituelle Selbstverstümmelung und Askese waren von zentraler Bedeutung.

Neben der Jagd war der Krieg die wichtigste Beschäftigung der reitenden Völker. Allerdings dienten kriegerische Handlungen nicht der Durchsetzung territorialer Ansprüche. Vielmehr ging es um persönliche und kollektive Ehre oder die Erbeutung von Pferden. Siege hoben das Selbstwertgefühl und brachten Ansehen innerhalb der und für die Gemeinschaft. Als besonders statusfördernd für den Einzelnen galten *coups*, deren Zahl mithilfe des gefiederten Kopfschmucks sorgfältig registriert wurde. Um einen *coup* zu landen, musste ein Feind mit der Hand oder einem kurzen Stab berührt werden. Oft war es dazu nötig, mitten in ein schwer bewaffnetes gegnerisches Kommando zu galoppieren. Hatte er Erfolg, erntete ein Indianer damit mehr Ruhm als mit einem halben Dut-

Schädel des Bisons sind den einstigen Büffeljägern auf der nördlichen Ebene heilig. Durch sie glaubt man sich mit den übernatürlichen Mächten verbunden und verehrt sie als Quelle der Kraft.

Eine sakrale Stätte: Schwitzhütten (siehe Special Seite 130) der Blackfoot mit Bisonschädel. Ulm Pishkun State Park bei Great Falls (Montana).

zend Skalps, besonders wenn er dann auch noch ein fremdes Pferd mitbrachte.

Weiße hatten Probleme mit solchen Verhaltensweisen. Prärie-Indianer galten bei ihnen gemeinhin als kriegerisch, listig, heimtückisch, grausam und feindselig. Unser besseres Wissen verdanken wir nicht zuletzt dem württembergischen Herzog Paul Wilhelm (1797–1860) und dem Naturforscher Maximilian Prinz zu Wied, der, begleitet von dem eidgenössischen Maler Karl Bodmer, 1832 bis 1834 die Region bereiste. Altgediente Profis an der Pelzfront beeindruckte der Prinz mit seinen Legende gewordenen schmuddeligen Hosen, seinen Zornesausbrüchen und seinem unerschöpflichen Repertoire an Flüchen. Er hinterließ eine zweibändige »Reise in das innere Nordamerika«, zu dem Bodmer eine Bilddokumentation von unschätzbarem Wert beisteuerte.

Buffalo Bill und Sitting Bull wurden gute Freunde. Der Häuptling trat sogar in Codys Wildwestshow auf. Gemälde auf der Buffalo Bill Ranch bei North Platte (Nebraska).

Diesen Quellen zufolge verdienten die Indianer der nördlichen Ebene eine bessere Presse, als sie hatten. Zwar bestatteten sie ihre Toten auf Gerüsten, von denen ein allgegenwärtiger Verwesungsgeruch ausging. Aber die Exoten aus Europa erfuhren in reichem Maße Gastfreundschaft, verspürten nur selten Feindseligkeit, beobachteten keine Gräueltaten und fanden nicht die geringste Spur von Kannibalismus. Doch Aspekte der fremden Kultur wie religiöse Observanzen, Praktiken des Schenkens, Gattentausch, sexuelle Freizügigkeit und Nudismus wurden nicht verstanden, weil mitgebrachte christlich-abendländische Wertvorstellungen den Blick für die Wahrheit verstellten. Dies scheint symptomatisch zu sein für die an Vorurteilen und Missverständnissen reiche Geschichte der Beziehungen zwischen Weißen und Indianern.

Die Eroberung des Westens

Das einstige Indianerland ist für die meisten Nachfahren der Prärie-Indianer eine sentimentale Erinnerung, für manche ein Treppenwitz der Geschichte. Die Mandan und Hidatsa wurden 1837 von einer Pockenepidemie, die mit einem Dampfschiff der American Fur Company den Missouri heraufkam, ausgelöscht. Andere Völker verloren in dem Maße ihre Existenzgrundlage, in dem der Bison den Siedlerströmen in den Westen weichen musste. Weil sie sich darauf eingelassen hatten, Engländer, Franzosen und Amerikaner mit Fellen und Pelzen zu beliefern und weil mithilfe von Feuerwaffen und Eisengerät höhere Stückzahlen zu erzielen waren, gerieten sie mehr und mehr in Abhängigkeit von den

Spartanisches in Fort Clatsop am Pazifik (Oregon). An diesem Ort verbrachten Lewis und Clark mit ihrem Expeditionscorps den Winter 1805/1806.

Weißen. Sie hatten nicht gelernt, Feuerwaffen zu reparieren, Pulver herzustellen, Eisen zu gewinnen, es zu schmieden und zu härten. Das Schicksal der Indianer am oberen Missouri wurde mehr und mehr vom weißen Amerika bestimmt.

Wegweiser. Wer den Drang dazu verspürt, kann auf den Spuren von Lewis und Clark wandeln. Ein Spaziergang ist es nicht.

Die nördliche Ebene war bis in die zweite Hälfte des 19. Jahrhunderts für weiße Siedler nur Transitstrecke. Ziele der Trecks waren Kalifornien und Oregon. Dennoch mehrten sich um 1850 die Irritationen zwischen Indianern und Migranten, weil Letztere Büffelherden vertrieben oder wahllos dezimierten. Eine Entkrampfung der Lage sollte eine Konferenz in der Nähe von Fort Laramie (Südost-Wyoming) bringen, zu der Washington eingeladen hatte. Es erschienen mehr als 10 000 Vertreter aller betroffenen Nationen, denen man eine Sicherheitsgarantie für den Oregon Trail abhandelte. Als Gegenleistung wurde jeder Nation ein bestimmtes Gebiet nördlich oder südlich des Trails als Jagdrevier zugesprochen, dessen Grenzen von den anderen Stämmen zu respektieren waren. Außerdem wollte Washington jährlich eine Abfindung zahlen für Schäden, die den Indianern durch den Transit entstanden waren.

Die Tragweite des Vertrags, unter den am 17. September 1851 je ein oberer Stammesfürst sein Kreuzchen setzte, wird kaum einem der anwesenden Volksvertreter bewusst gewesen sein. Er markierte das Ende der Reiterkulturen auf den Prärien. Vorbei waren die Zeiten, in denen Indianer dem Büffel oder dem Feind nachstellten, wo immer der Wind sie hinführte. Die Völker wurden in räumliche Grenzen verwiesen. Dies ermöglichte es der Bundesregierung, schrittweise und ganz nach Belieben einzelne Nationen zu Landabtretungen zu zwingen, ohne gleich die ganze Prärie-Ritterschaft gegen sich aufzubringen. Das Abkommen sicherte weder den Frieden auf der Großen Ebene noch die im Einzelnen garantierten territorialen Ansprüche. Die Büffel jagenden Indianer würden fortan auf milde Gaben Washingtons angewiesen sein.

Im Jahr 1871 erhielten die amerikanisch-indianischen Beziehungen eine neue Qualität. Per Bundesgesetz wurde den indianischen Nationen ihr souveräner Status aberkannt und deren Angehörige entmündigt. Die Vormundschaft übernahmen Bundesregierung und Kongress, die so nicht einmal mehr Verträge mit ihnen zu schließen brauchten. Durchaus wohlwollende Kräfte setzten in den 1880er-Jahren noch eins drauf: Da der Büffel praktisch ausgerottet war, sollten die arbeitslosen Jäger umgeschult werden; sie sollten Ackerbauern werden. Frühere derartige Versuche wei-

Der Kolonialwarenladen des amerikanischen Westens: ein General Store in Montana.

COFFEE
CASH
Dollars
Cents
Our coffee is roasted by Starbucks Coffee Company.
Candy - 45¢
master charge
VISA
Welcome Here
MISSOURI RIVER CANOE COMPANY
VIRGELLE MONTANA
DAYTON
LIFE SAVERS
BREATH SAVERS
FISHER

ter südlich waren allesamt mehr oder minder gescheitert. Dennoch wollte man es mit den Reitern vom oberen Missouri erneut probieren. Die nach einem ihrer Initiatoren benannte Dawes Bill (1887) sah vor, dass das gleichsam verstaatlichte Land der einzelnen Nationen privatisiert würde. Jeder Familie im Indianerland sollten 160 *acres* (knapp 65 Hektar) zur Bewirtschaftung überlassen werden. Diese Zahl hatte Thomas Jefferson 100 Jahre zuvor als die ideale Größe für den landwirtschaftlichen Familienbetrieb ausgemacht. Was nach der Verteilung übrig blieb, durfte der ferne Vater am Potomac in eigener Regie verkaufen.

Zu diesem Zeitpunkt hatten die früheren Ackerbauern ihr agronomisches Wissen schon längst verloren, und von Marktwirtschaft hatten sie ohnehin keinerlei Ahnung. Überdies hatte Jefferson bei seinen Kalkulationen an Virginia, aber nicht an Halbwüste gedacht! Viele der betroffenen Indianer sahen sich daher früher oder später gezwungen, ihr Land aus Not an Weiße zu verpachten oder zu verkaufen. Die 1851 zugeteilten Jagdgründe schrumpften innerhalb von vier Jahrzehnten zu kleinen Reservaten. Eine Ausnahme bildet South Dakota, wo sich immer noch ganze zehn Prozent der Gesamtfläche in indianischer Hand befinden.

»She Who Watches«: indianisches Felsbild im Horsethief Lake State Park (Washington).

Heute leben etwa vier Fünftel der indianischen Bevölkerung der Region in Reservaten, in denen die meisten auf Grundlage von Weidewirtschaft und Ackerbau ein kümmerliches Dasein fristen. Die wenigsten sprechen noch die Sprache ihrer Väter, ein Viertel der Männer ist alkoholkrank, die Lebenserwartung ist niedrig, die Kindersterblichkeit hoch, die Selbstmordquote liegt 15-mal höher als der US-Durchschnitt. Von ihrer Umgebung wenig geachtet und noch weniger geliebt, werden ihre Tänze und Feste dennoch gern als folkloristische Attraktionen vermarktet. Aber selbst das Wenige, das ihnen geblieben ist, kann in Gefahr geraten, wenn – wie im Falle der Crow und der Northern Cheyenne in Montana – auf ihrem kargen Land Bodenschätze entdeckt werden, die der weiße Mann begehrt.

Peinliche Historie heischt nach Verdrängung. So wurde das Indianerland schon bald als Wilder Westen romantisiert und heroisiert, als Szenario für Viehdiebe und Wegelagerer, die von dem großen Schweigsamen gestellt und vernichtet werden; für Cowboys, die kaum je ihren eigentlichen Beruf ausüben, und für galoppierende Rothäute, die unter ziemlichem Gezeter gottesfürchtige Siedler an der Weiterfahrt hindern wollen. Die Wirklichkeit sah meist anders und viel prosaischer aus.

Ein nachgebauter Handelsposten in dem für den Südwesten der USA typischen Adobestil. Bent's Old Fort National Historic Site (Colorado).

Kundschafter, Pelzjäger und Pioniere

Lange Zeit wähnten sich die Franzosen als Herren über das Indianerland, denn dieses war Teil des 1682 von Sieur de La Salle für Frankreich reklamierten »Louisiane«. Geografische Namen wie Pierre, Butte, Belcourt, Missouri und Platte zeugen noch heute davon. Im Jahr 1762 fiel Louisiana an Spanien, das es 1800 allerdings zurückgab. 1803 verhökerte Napoleon den Besitz für 15 Millionen Dollar an die Vereinigten Staaten. Die Transaktion »Louisiana Purchase« – im Wesentlichen das Werk des Präsidenten Thomas Jefferson – umfasste ein Gebiet, das vom Mississippi bis in die Rocky Mountains und vom Golf von Mexiko bis nach Britisch-Kanada reichte und größer war als die damaligen USA. Genaueres wusste man freilich nicht, da man einen mehr oder minder weißen Fleck auf der Landkarte erworben hatte. Einige Kartografen gaben der Kenntnislücke einen Namen: Sie sprachen von der Großen Amerikanischen Wüste (Great American Desert).

Noch ehe das Louisiana-Geschäft abgewickelt war, hatte Jefferson seinen Privatsekretär Meriwether Lewis, wie der Präsident ein Virginier, mit der Erkundung des unbekannten Landes beauftragt. Zu seinem Stellvertreter wurde William Clark aus Kentucky ernannt. Gemeinsam sollten sie ein Expeditionscorps den Missouri hinaufführen, eine Verbindung zum Columbia River herstellen und diesem bis zum Pazifik folgen. Die ganze Strecke sollte in umgekehrter Richtung noch einmal zurückgelegt werden, um das inzwischen angehäufte geografische, geologische, klimatologische, biologische und ethnologische Wissen zu mehren. Lewis und Clark waren zwischen 1804 und 1806 insgesamt 28 Monate lang unterwegs. Ihre Expedition wurde zu einem triumphalen entdeckungsgeschichtlichen Ereignis, wie wir aufgrund einer historisch-kritischen Ausgabe der auf der Reise geführten Tagebücher (13 Bände) allerdings erst seit ein paar Jahren feststellen können. Zwar musste die Hoffnung auf die schon von Columbus gesuchte Nordwestpassage endgültig begraben werden, aber immer mehr Amerikaner warfen fortan begehrliche Blicke auf die Ebenen und Berge des oberen Missouri. Bereits 1805 wurde das Gebiet für Ausländer, die im Indianergeschäft mitmischen wollten, offiziell zum verbotenen Terrain erklärt.

Nur einer aus dem Expeditionscorps überlebte die Tortur nicht. Er starb ganz unheroisch an einer Blinddarmentzündung. Ein anderer, John Colter, bat während der Rückreise um seine Entlassung. Er wollte in den Bergen dem Biber nachstellen. Auf seinen Streifzügen durch das heutige Wyoming, Montana und Idaho stieß er 1807/08 auf Geysire, dampfende Quellen und Sümpfe

Für die Vereinigten Staaten einst in den Krieg gezogen: indianische Veteranen beim Drill.

Red Power. Der Zorn vieler junger Indianer richtet sich gegen Washington und die eigene Autonomiebehörde im Reservat. Von beiden fühlen sie sich verraten.

Sturgis '94

Die Pfeife ist ein wichtiger Teil des zeremoniellen Lebens der Indianer am oberen Missouri. Der Tabak gilt als heilige Pflanze und das Rauchen ist ebenso eine heilige Handlung.

und andere Merkwürdigkeiten. Als er davon berichtete, hielten ihn seine Zeitgenossen für einen Spinner und witzelten über »Colters Hölle«. Offenbar hatte er die Naturwunder des Yellowstone entdeckt. John Colter wurde zum Prototyp des *mountain man*, der mit einer Squaw als Gefährtin jagend und Fallen stellend jahrzehntelang die nordwestliche Szene beherrschte. Manch einer dieser hartgesottenen Individualisten, die sich in der feindseligen Wildnis besser zurechtfanden als im Alphabet, endete als erfolgreicher Geschäftsmann, Bankier oder Regierungsbeauftragter für Indianerfragen (*indian agent*). Als die Biber und andere Pelzlieferanten immer rarer wurden, arbeiteten manche als Kundschafter (*scouts*), die Siedlertrecks, Vermessungstrupps, Militär und Eisenbahnbauer durch die Berge lotsten und so im wörtlichen Sinn zu Wegbereitern der Zivilisation wurden. Berühmte Migrationsrouten durch das Indianerland wie der Oregon Trail, California Trail oder Bozeman Trail wurden von legendären Trappern wie Jim Bridger, Kit Carson, Jedediah Smith, Elisha Stephens und Joseph Reddeford Walker entdeckt.

Lange vor Lewis und Clark waren von Norden her französische und englische Händler mindestens bis zu den Mandan ins heutige North Dakota vorgedrungen. Französische Kaufleute aus St. Louis waren aber auch schon den Missouri bis zur Einmündung des Yellowstone River (an der Grenze zum heutigen Montana) heraufgekommen. Als St. Louis 1803 amerikanisch wurde, blieb es Pelz- und Fellbörse für den oberen Missouri. Mehrere Handelsgesellschaften, darunter die American Fur Company des deutschstämmigen John Jacob Astor, bemühten sich erfolgreich um die Bergung der herumlaufenden Schätze. Den Anfang hatte der berüchtigte Manuel Lisa gemacht, ein Rambotyp mit außergewöhnlichen unternehmerischen Fähigkeiten.

Lisa war 1807 John Colter begegnet und heuerte ihn an. Colter empfahl ihm, an der Einmündung des Bighorn River in den Yellowstone eine befestigte Handelsstation, ein Fort, zu errichten: Fort Manuel. Boote sollten einmal jährlich Versorgungs- und Handelsgüter an den oberen Missouri schippern und im Gegenzug die von Indianern und Trappern angelieferten Felle und Pelze nach St. Louis bringen. Der monatelange Transport bedeutete Knochenarbeit. Die Boote mussten über Hindernisse getragen, mit Stangen geschoben oder mit langen Seilen flussaufwärts gehangelt werden. Flussabwärts drohte Gefahr von wegelagernden Indianern. Dennoch schufen Lisas Fur Company und deren Nachfolgeorganisation, die American Fur Company, im Lauf der Jahre ein Netz solcher mit Booten erreichbarer Stützpunkte, bis schließlich der Flussdampfer »Yellowstone« 1832 bei Fort Union (North

Pfeifenmacher in Hot Springs (South Dakota).

Dakota) festmachte und das Transportproblem ein für alle Mal löste. Gleichzeitig jedoch wurde der Kampf zwischen den rivalisierenden Gesellschaften um die Jagdreviere immer unerbittlicher, und die Pelzkonjunktur zeigte eine rückläufige Tendenz.

Die Rocky Mountain Fur Company unter William Henry Ashley entwickelte eine flexiblere, billigere und weniger riskante Logistik mit Maultierkarawanen, die später, als das Unternehmen in John Jacob Astors (1763–1848) Wirtschaftsimperium aufging, durch Wagenkolonnen ersetzt wurden. Gehandelt und getauscht wurde bei einem jährlichen »Rendezvous« von Indianern, Trappern, Squaws und Händlern, das an wechselnden Orten stattfand, gewöhnlich als Volksfest begann und im Rausch endete. Als man sich im Juni 1837 zum 13. Rendezvous am Green River (Wyoming) einfand, waren die Preise für Felle inzwischen in den Keller gefallen, während sich jene für Konsumgüter aus St. Louis verzwanzigfacht hatten. Es sollte der letzte große Treff dieser Art sein. Jäger und Händler hatten ausgedient; in Zukunft würden in der Region andere das Sagen haben.

Die Bemalung zeigt man nur bei besonderen Anlässen. Sie verweist auf die Zugehörigkeit zu einem bestimmten Klan, einem Krieger-, Männer- oder Geheimbund.

Als 1841 die ersten Siedlertrupps, von Independence (Missouri) kommend, den North Platte River hinaufzogen, den South Path in der Wind River Range (Wyoming) überquerten und sich dann entweder nach Nordwesten (Oregon) oder nach Südwesten (Kalifornien) wandten, mochte dies zunächst noch nicht viel besagen. Doch die Vereinigten Staaten waren gerade dabei, einem Expansionsfieber zu verfallen, das von 1845 an unter der Bezeichnung »manifest destiny« grassierte – genährt von dem Glauben, der Herrgott habe auf amerikanischem Boden einen neuen Menschen geschaffen, der weiß, überwiegend englischen und schottischen Blutes, protestantisch und demokratisch ist und dessen offenkundige Bestimmung es sei, den amerikanischen Kontinent zu beherrschen.

Der Wilde Westen

Krankhafte Symptome zeigten sich Ende der 1840-Jahre in einer Art Volkslauf am Platte River, an dem in erster Linie Abenteurer teilnahmen, die auf eine Erfüllung ihres privaten amerikanischen Traums im Sofortverfahren hofften. Gold in Kalifornien hatte sie auf die Beine gebracht. Nachdem die dortigen Fundorte geplündert waren, schwärmten sie in die Berge nach Osten und Norden aus. Über Montana fielen sie 1862/63 her, als um Bannack und die Alder Gulch Gold gefunden wurde, über die Black Hills, als Oberstleutnant George A. Custer 1874 Gerüchte um Goldvorkommen bestätigte.

Was dann kam, folgte einem sich oft wiederholenden Schema: Neben Gold fand man andere Schätze wie Sil-

Das »Objekt« des Malers wird auf eine Feierlichkeit vorbereitet, wie das Kalumet in seiner Hand, ein federgeschmückter Zeremonialstab, vermuten lässt.

Hermelinfell als Applikation auf einem Tanzkleid.

ber, Kupfer oder Kohle. Camps und provisorische Ansiedlungen schossen aus dem Boden, in denen sich ein turbulentes, scheinbar pittoreskes Leben entfaltete, und verkamen oft schnell zu Geisterstädten. Nur wenige mauserten sich zu richtigen Kommunen wie die Goldstadt Deadwood in South Dakota, deren Bedeutung allerdings mit den Funden stieg oder fiel, oder Butte in Montana, das Anfang des vorigen Jahrhunderts 15 Prozent des Weltbedarfs an Kupfer deckte und auf über 100 000 Einwohner anwuchs. Heute ist Butte eine von 30 000 Menschen bewohnte Provinzstadt, deren einstige Bedeutung sich in ihrem *historic district* erahnen lässt.

Neben den Schatzsuchern agierten in dem Boom-Spektakel allerlei mehr oder minder ehrenwerte Herrschaften, die am Glück partizipieren wollten, ob es sich nun einstellte oder nicht. Hohes Ansehen unter ihren Mitbürgern genossen der Revolverheld Wild Bill Hickok, der nach einer wechselvollen Karriere 1876 in die Black Hills kam, um dort nach dem Rechten zu sehen, und in Deadwood, am Spieltisch sitzend, meuchlings erschossen wurde, und Calamity Jane (1852–1903), oft in Männergesellschaft gesichtet und in den Saloons der ganzen Region zu Hause, die Unheil über jeden brachte, der sich mit ihr anlegte. Dass es in solch illustrer Gesellschaft auch Individuen gab, deren Vorstellung von Recht und Ordnung erheblich von der geltenden Norm abwich, beweist der Fall des Sheriffs Henry Plummer in Montana, der im Jahr 1863 eine Verbrecherbande organisierte, die sich darauf spezialisierte, Goldtransporte zu überfallen.

Offenbar gab es in dieser Phase noch keine Verwaltungsstruktur im eigentlichen Sinn. Diese konnte sich erst entwickeln, wenn einem Gebiet vom amerikanischen Kongress der Status eines Territoriums zuerkannt wurde. Dakota Territory, benannt nach den Dakota-Sioux, wurde 1861 geschaffen, Montana Territory 1864 und Wyoming Territory 1868; zu Bundesstaaten wurden Dakota und Montana 1889, Wyoming 1890. Eine Infrastruktur musste ebenfalls erst entstehen. Die Region verdankte beispielsweise Landverbindungen den Siedlungen in Kalifornien und Oregon, die mit den östlichen Ausläufern der Zivilisation besser verbunden werden mussten. Findige Unternehmer beförderten Ende der fünfziger, Anfang der sechziger Jahre mit Kutschen fahrplanmäßig Passagiere und Post in alle Richtungen des Westens, und Spediteure wie Russell, Majors & Wadell besorgten mit Ochsenzügen den Gütertransport für Militär und private Auftraggeber. William Russell

Ein heiliger Mann der Lakota, der mit den übernatürlichen Mächten in Verbindung steht.

organisierte den legendären Pony Express, der zwischen April 1860 und Oktober 1861 Briefsendungen gleichsam per Eilzustellung beförderte und die rund 3000 Kilometer zwischen St. Joseph (Missouri) und dem kalifornischen Sacramento in zehn Tagen bewältigte. 1861 übernahm der Telegraf die Geschäfte des Pony Express und das Transportunternehmen Wells Fargo die meisten anderen. Allerdings brach 1869 die erste transkontinentale Eisenbahn dieses Transportmonopol. Die Bautrupps der Union Pacific hatten sich zwischen den Jahren 1867 und 1869 durch Wyoming geschoben, um sich mit der Central Pacific Railroad am Promontory Point in Utah zu treffen.

Wasserspiele. Die Kepler Cascades im Yellowstone National Park (Wyoming).

Das Verschwinden der Büffel

Mit der Eisenbahn kam das Königreich der Rinder mit seinen Cowboys und Rinderkönigen. Texaner konnten, als die Eisenbahnlinien Kansas erreicht hatten, mit ihren Herden endlich östliche Märkte ansteuern. Sie trieben sie geradewegs nach Norden und verschickten sie nach Chicago. Dodge City, Abilene und andere Orte wurden über Nacht zu »Kuhdörfern«. Als die ersten Herden nach Colorado und Wyoming gebracht wurden, um die Schatzsucher dort mit Fleisch zu versorgen, erkannte man das Potenzial des nördlichen Graslandes: Das Indianerland wurde zum »Viehland«. Als im Winter 1886/87 allein in Montana rund 360 000 Stück Vieh verhungerten oder erfroren – für manche Halter 90 Prozent des Bestands – schien das Ende einer kurzen Ära gekommen. Doch die Herdenbesitzer lernten, Vorräte anzulegen.

Was Schnee und Kälte nicht gelang, schafften die von den Eisenbahnen ins Land gebrachten Farmer, die mit neuen Methoden und Getreidesorten die Halbwüste für den Ackerbau nutzten. Die Farmer machten dem offenen Weidebetrieb ein Ende, dokumentierten ihre Landansprüche mit dem Stacheldrahtzaun, pflügten das Grasland um und degradierten die Rinderkönige zu Rinderbaronen. Rückschlägen zum Trotz verwandelten sie gegen Ende des 19. Jahrhunderts das Cowboyland in eine Kornkammer. Der Prozess verlief aber keineswegs friedlich. In Wyoming kam es 1892 zum Johnson County War, in dem sich Viehbarone und Farmer bis auf die Zähne bewaffnet gegenüberstanden und ein Blutbad nur durch den Einsatz regulärer Truppen verhindert werden konnte.

Die Indianer wurden von solchen Invasionen überrollt. Dabei wurden Verträge einfach gebrochen wie etwa jener mit den Sioux aus dem Jahr 1868, welcher die den Indianern heiligen Black Hills für weiße Siedler und Geschäftemacher zur Tabuzone erklärt hatte. Zur indianischen Verbitterung trug aber auch bei, dass die Eisen-

Der Yellowstone National Park (Wyoming) war Ende des 19. Jahrhunderts Zufluchtsort der letzten wilden Bisons. Heute leben dort etwa 2400 Exemplare der mächtigen Kolosse.

bahngesellschaften waggonweise Jäger herbeikarrten, um den lästigen Büffel auszumerzen. Daran beteiligte sich eine Zeit lang auch ein gewisser William F. Cody (1846–1917), der als Buffalo Bill in die Geschichte des Westens und in die Literatur einging.

Wolken über dem Medicine Rocks State Park im Südosten von Montana.

Sioux, Cheyenne und die anderen Nationen wehrten sich auf ihre Weise. Mit plötzlichen Überfällen verbreiteten kleine Trupps bis in die 1870er-Jahre hinein Unruhe auf der nördlichen Ebene. Besonders gefürchtet waren Red Cloud und seine Oglala-Sioux, die zwischen 1862 und 1866 den zum Gold Montanas führenden Bozeman Trail verunsicherten. Unter solchen Umständen war militärische Präsenz gefragt. Nach dem Aufstand der Santee-Sioux im westlichen Minnesota 1862 wurden beschleunigt Forts am oberen Missouri, North Platte und entlang des Bozeman Trails eingerichtet, die jedoch zunächst wegen des Bürgerkriegs (1861–1865) unzureichend bemannt waren. Mit dem Fetterman Massaker 1866 in Wyoming und der Schlacht am Little Bighorn 1867 gelangen den Indianern zwei schwere Schläge gegen die Armee Onkel Sams – es waren aber die letzten.

Militärische Erfolge verdankten die Reiter der Großen Ebene in erster Linie ihrer Mobilität. Im Winter jedoch hielten sie Krieg für nicht machbar und verharrten in ihren Winterlagern. Nach der Schlacht von Slim Buttes (September 1876), wo General George Crook eine Horde Sioux zur Kapitulation gezwungen hatte, verlegte sich die US-Armeeführung auf Winterkampagnen. Strategische Vorteile, die die Indianer bis dahin hatten, waren damit neutralisiert. Endzeitsignale setzten die gnadenlose Verfolgung von 150 Kriegern und 550 Frauen, Kindern und Greisen der Nez Perce, die unter Chief Joseph 1877 eine neue Heimat in Kanada zu finden hofften und kurz vor dem Ziel von Militäreinheiten eingekesselt wurden, und das Blutbad von Wounded Knee (South Dakota) Ende Dezember 1890. Der amerikanischen Öffentlichkeit wurden diese Siege als Heldentaten verkauft; wären sie von der Gegenseite errungen worden, hätte man von unsäglichen Massakern gesprochen.

Land des großen Himmels

Seit der Wende zum 20. Jahrhundert bilden Agrar-, Weide- und Forstwirtschaft die ökonomische Grundlage der gesamten Region. North und South Dakota sind landesweit führend in der Produktion von Getreide. Millionen von Rindern und Schafen helfen den Fleischbedarf der Nation zu decken, Montana und Wyoming liefern zusätzlich Holz. Darüber hinaus verfügt das Gebiet über gewaltige Rohstoffreserven: Erdöl, Erdgas, Kohle und Uran, und South Dakota steht nach wie vor an erster

Alpenglow (Alpenglühen) in der Warm Springs Indian Reservation (Oregon).

Stelle in der Goldgewinnung. Zunehmend ist auch der Tourismus zu einem Wirtschaftsfaktor geworden. Dennoch gehören diese Staaten nicht zu den wohlhabenden im Lande. Trockenperioden gefährden die Ernten, Exportabhängigkeit destabilisiert die Preise und die natürlichen Reichtümer sind schon immer anderswo versilbert worden. Zwar boomt es mancherorts, aber die jeweilige Region hat davon in der Hauptsache große Strukturprobleme. Dazu zählen die Wasserversorgung, die kommunale Einbindung von Wohnwagensiedlungen, die Bereitstellung von Dienstleistungen, die Verkehrsbewältigung und die notwendige Bekämpfung von Kriminalität. Kein Wunder, dass sich die Ohnmacht der Eingesessenen periodisch in der zornigen Rede artikuliert, man sei es leid, eine Kolonie Washingtons oder der Wall Street zu sein.

Denkmal für eine Legende des Widerstands gegen die Weißen: das Sitting Bull Monument bei Mobridge (South Dakota).

Gleichwohl ist in kaum einer Region der USA die eigene Vergangenheit so lebendig wie im Indianerland. Hier ist immer noch »der Westen«, prägen Stetson, bunte Flanellhemden, breite Gürtel mit kunstvollen Schnallen, Levis und Cowboystiefel das Bild des Alltags. Die, die sie tragen, sehen sich als Repräsentanten traditioneller amerikanischer Tugenden wie Selbstbehauptungswille, persönliche Unabhängigkeit, Findigkeit in allen Lebenslagen und nachbarliche Hilfsbereitschaft. »Westerner« gelten als religiös, konservativ, patriotisch und betrachten den Fremden so lange als Freund, bis er sie vom Gegenteil überzeugt. Gewiss, man sollte die Beinamen, mit denen sich amerikanische Städte und Staaten zu schmücken pflegen, nicht überbewerten. Wenn sich aber South Dakota als »Land der Fülle« (»Land of Plenty«) oder »Sonnenstaat« (»Sunshine State«) bezeichnet, North Dakota als »Der freundliche Staat« (»The Friendly State«) und Wyoming als »Staat der Gleichberechtigung« (»Equality State«) – die Frauen erhielten hier immerhin bereits im Jahr 1869 das Wahlrecht –, ist dies allemal ein Hinweis auf das herrschende Selbstverständnis der Menschen, die dort zu Hause sind, und deren Verhältnis zum Kosmos.

Montana weist sich gegenüber dem Rest der Welt als »Land des großen Himmels« (»Big Sky Country«) aus. Wahrlich, Landschaft hat hier andere Dimensionen. Und doch scheinen sich Himmel und Erde näher zu sein als anderswo. Aber dies gilt für das ganze Indianerland, in dem die Atmosphäre von seltener Klarheit ist und die Natur mit ihren Reizen gewuchert hat. Wer die Wurzeln indianischer Kraft und Ruhe, das transzendentale Erlebnis sucht, das Einssein mit sich, der Schöpfung und dem Schöpfer – in den einsamen Weiten der Großen Ebene und der Berge mag er sie noch finden.

Indianisches Lebensgefühl – allein sein mit sich und der Schöpfung.

Am Yellowstone Lake im Yellowstone National Park (Wyoming).
Vorsicht, einsame Bisonbullen sind unberechenbar.

Handelsposten im Stammland der Arapaho: Fort Walsh National Historic Site, Saskatchewan (Kanada).

Die schier endlose Prärie bietet Licht- und Farbenspiele in Grün – Gräser im Cypress Hills Provincial Park, Saskatchewan (Kanada).

Weiße Pelikane am Blackstrap Lake südlich von Saskatoon, Saskatchewan (Kanada).

125 YEARS TREATY SIX
CELEBRATION
2601
2604
CELEBRATION
INTERNATIONAL POW WOW
2001

Bei Powwows werden die Tänzer von Preisrichtern bewertet. Deshalb die Startnummern. Wer gut ist, kann damit Geld verdienen.

Die moderne Mutter bringt ihr Kleinkind nicht mehr auf der Kindertrage *(cradle board)* zum Powwow, sondern im Kinderwagen.

Links und rechts: Cree-Indianer arbeiten an ihrer Gesichtsbemalung. Duck Lake Powwow, Zentralsaskatchewan (Kanada).

Junge Cree in vollem Ornat. Das jeweilige Design wird als Eingebung durch Traum oder Vision verstanden und gilt als heilig. Duck Lake Powwow (Kanada).

Federn von Adlern, Elstern und Krähen, zu Artefakten verarbeitet, sind traditionell wichtige Symbole. Der Adler bedeutet Stärke und Schutz durch die höheren Mächte; die allwissende Krähe gilt als Botin aus der Welt des Übernatürlichen.

Links und rechts: Obwohl das Schild mit dem Erwerb von Feuerwaffen militärisch obsolet wurde, ist es nicht aus dem Leben der Prärieindianer verschwunden. Als eigentliche Schutzfaktoren gelten seit jeher ohnehin die magische Bemalung und die magischen Anhängsel.

Nachwuchskrieger auf dem Duck Lake Powwow, Zentralsaskatchewan (Kanada).

Das Eishockeytrikot hat das wildlederne Fransenhemd ersetzt, aber sonst wirkt der junge Cree echt.

56

Entdecker: die Lewis-und-Clark-Expedition

Links: Leutnant William Clark (1770–1838) wurde von Lewis stillschweigend zum Captain »befördert«, damit in der Truppe keine Zweifel an der Gleichstellung des Stellvertreters aufkämen. Er entpuppte sich als hervorragender Diplomat im Umgang mit den Indianern. – Rechts: Captain Meriwether Lewis (1774–1809). Schon lange bevor Präsident Jefferson mit Frankreich über Louisiana verhandeln ließ, wies er seinen Privatsekretär an, sich wissenschaftlich für eine Louisiana-Expedition zu schulen.

Rechte Seite: Sacajawea weist Lewis und Clark bei Three Forks (Montana) den Weg zum Pazifik. Gemälde von Edgar S. Paxson (1912).

Noch ehe Louisiana den Amerikanern gehörte (1803), hatte Präsident Thomas Jefferson seinen Privatsekretär Meriwether Lewis, einen erfahrenen Soldaten an der Indianerfront, mit der Erforschung der Region beauftragt. William Clark, ein Freund von Lewis, wurde zu seinem Stellvertreter ernannt. Gemeinsam rekrutierten beide eine Mannschaft, die sie bei St. Louis auf ihren Einsatz vorbereiteten.

Mit einem Kahn und zwei Booten begab man sich am 14. Mai 1804 auf den Missouri. Die Stärke der Truppe schwankte anfänglich, aber nach dem Winter in der Nähe der Mandan-Dörfer (beim heutigen Bismarck, North Dakota) waren die Personalien geklärt. Anfang April 1805 machten sich 26 Militärs, der schwarze Sklave von Lewis, der Dol-

metscher Toussaint Charbonneau, dessen Shoshone-Squaw Sacajawea und beider sieben Wochen alter Sohn auf den Weg nach Westen. Von nun an reiste man mit Boot (bis zu den Great Falls des Missouri in Montana), Einbäumen (die oft meilenweit getragen werden mussten), Pferden und zu Fuß. Unter Qualen ging es über den Lemhi und Lolo Pass, die Bitterroot Mountains, den Clearwater, Snake und Columbia River. Ende November 1805 erreichte der Trupp den Pazifik und errichtete Fort Clatsop, um zu überwintern. Anfang April 1806 begann die Rückreise. Die Ankunft in St. Louis am 23. September versetzte Amerika in Begeisterung.

Probleme mit Indianern gab es die ganze Zeit über nur vereinzelt, dafür umso mehr mit unwegsamem Terrain, Hitze, Kälte, Durst, Hunger, Moskitos, Unwettern, Schnee, Wasserfällen und Flussblockaden durch Treibholz. Ein böses Ende des Unternehmens verhinderte die einst aus ihrer Heimat verschleppte Sacajawea. Als man Shoshone-Gebiet betrat, erkannte sie topografische Orientierungspunkte wieder, begegnete ihrem Bruder und gewann die Shoshone als Verbündete. Ihr Sohn übrigens wurde 1823 von dem Naturforscher Paul Wilhelm, Herzog von Württemberg, adoptiert, auf dass er eine gute Erziehung erhalte.

Fort Clatsop
Richland
Lewiston
Great Falls
Portland
Columbia
Canoe Camp
Lewis and Clark Pass
MONTANA
Missouri
Three Forks of the Missouri
Miles City
Mandan-Dörfer
NORTH DAKOTA
Red
MINNESOTA
Lake Superior
Ottawa
VT
NH
Lake Ontario
MASS.
Lolo Pass
Pompey's Tower
OREGON
Lemhi Pass
Sheridan
Powder
Pierre
James
Minneapolis
WISCONSIN
La Crosse
Lake Michigan
Lake Huron
Toronto
Albany
NEW YORK
RI
CONN.
IDAHO
Klamath Falls
Snake
Idaho Falls
WYOMING
SOUTH DAKOTA
Sioux Falls
Mississippi
MICHIGAN
Detroit
Erie
New York
Eureka
Klamath
PENNSYLVANIA
Sgt. Floyd's Gravesite
IOWA
Chicago
NJ
N. Platte
Sacramento
NEVADA
NEBRASKA
ILLINOIS
INDIANA
OHIO
Pittsburgh
DELAWARE
Salt Lake City
Grand Island
Missouri
Sacramento
UTAH
S. Platte
Colorado
Denver
Cincinnati
WEST VIRGINIA
San Francisco
Grand Junction
Camp Wood
Louisville
Limestone (Maysville)
Fresno
KANSAS
St. Louis
Ohio
VIRGINIA
Salinas
COLORADO
Kansas City
Saint George
KENTUCKY
Arkansas
KALIFORNIEN
MISSOURI
NORTH CAROLINA
LEWIS UND CLARK EXPEDITION
N
0
250 km

Little Missouri River im Theodore Roosevelt National Park, North Unit (North Dakota).

Auf dem Upper Missouri National Wild and Scenic River zwischen Fort Benton und Fort Peck (Montana). Hier durfte der Fluss noch etwas von seiner Ursprünglichkeit behalten.

Medicine Wheel National Historic Landmark bei Lovell (Wyoming). Hier finden sich Reste eines prähistorischen indianischen Bauwerks, das wohl kultischen oder astronomischen Zwecken gedient hat.

Lange Zeit eine Zentrale des Pelzhandels am oberen Missouri:
Fort Union Trading Post bei Williston (North Dakota).

Vorposten der Zivilisation: Forts im Indianerland

Der Innenhof von Fort Laramie, wie ihn Alfred Jacob Miller 1837 gemalt hat. Ausgenommen die feindseligen Blackfoot, handelte man mit allen Nationen der Region.

Rechte Seite: Blick in eine Mannschaftsunterkunft: Ab 1849 wurde Fort Laramie im südöstlichen Wyoming militärisch genutzt.

Im weiten unbesiedelten Westen des 19. Jahrhunderts waren Forts lange Zeit die einzigen Zeichen euroamerikanischer Zivilisation. Errichtet wurden sie vom Pelzhandel oder von der US-Armee und fungierten als Warenumschlagplatz, Lager, Wohnanlage für Bedienstete, Informationsbörse und als Landwirtschafts- und Handwerksbetrieb. Von der Armee genutzte Forts waren in erster Linie Garnison und Basis für militärische Operationen. Gelegentlich konnten sie bei einer Belagerung auch zur Falle werden, wie die Besatzungen der Forts am Bozeman Trail nach Montana 1866/67 erfahren mussten. Vor allem die Mannen von Fort Phil Kearny (Wyoming) hatten damals alle erdenkliche Mühe, sich aus der Umklammerung durch Red Cloud und seine Oglala-Krieger zu befreien. Die Führung in Washington befahl daraufhin die Aufgabe einer ganzen Kette von nagelneuen Anlagen.

In den frühen dreißiger Jahren des 19. Jahrhunderts schuf die American Fur Company auf der nördlichen Ebene ein Netz von Handelsstationen, durch das jeder Anbieter von Fellen und Pelzen Zugang zum Markt bekam. An der Spitze der Hierarchie standen Fort Union und Fort Pierre am oberen Missouri und Fort Laramie am North Platte. Da aus Siedlersicht die militärische Präsenz um die Jahrhundertmitte immer dringlicher wurde, erwarb die Regierung 1849 Fort Laramie und 1855 Fort Pierre und wurde in den sechziger Jahren schließlich selbst als Bauherr tätig.

Die strategische Bedeutung der einzelnen Forts für Handel und Militär ließ sich an ihren jeweiligen Abmessungen erkennen. Ansonsten entsprachen sie einem bestimmten Grundmuster. Sie wurden als Rechteck oder Quadrat auf einem ebenen Terrain angelegt, das freien Blick in alle Richtungen gewährte. Nach außen wurden sie durch eine bis zu zehn Meter hohe Palisade geschützt. An zwei diagonal gegenüberliegenden Ecken des Gevierts befanden sich mehrgeschossige Blockhäuser, von denen die Außenseiten einzusehen und mit Feuerwaffen zu verteidigen waren. Geschossen wurde bei

ARBUCKLES'
GUNPOWDER

Überfällen auch von den Dächern der Wirtschaftsgebäude. Ins Innere des Forts gelangte man durch ein als Sicherheitsschleuse konzipiertes Doppeltor. Indianer durften es nur einzeln oder in kleinen Gruppen passieren. Geschäfte wurden im Normalfall durch eine fenstergroße Öffnung am Innentor abgewickelt. Dem Haupttor gegenüber, auf der hinteren Seite des Innenhofs, stand das Herrenhaus, an das sich Verwaltung, Konferenzräume, Gästehaus, Unterkünfte, Werkstätten und Stallungen anschlossen.

Einen gewissen Komfort bot allenfalls das Herrenhaus. Das von Fort Union beschrieb der deutsche Forscher Maximilian Prinz zu Wied, der sich 1833 dort aufgehalten hatte, als »einstöckig, zu jeder Seite der Tür mit vier hellen ansehnlichen Glasfenstern« (!) und »sehr bequem«. Einige Forts, wie etwa Fort Pierre in South Dakota, unterhielten außerhalb der Palisaden sogar Gartenanlagen, die zum Gemüseanbau genutzt wurden.

Zur ständigen Belegschaft der großen zivilen Forts zählten etwa 100 Personen, an deren Spitze ein mit absolutistischer Macht ausgestatteter Bourgeois stand. In der Hierarchie folgten der fürs Büro zuständige *Clerk* und die *Engages* mit ihren Familien. Unter den *Engages*, die meistens mit Squaws liiert waren, befanden sich Dolmetscher, Händler, Handwerker und Jäger.

Zum lebenden Inventar gehörten ferner rund 60 Pferde sowie Maultiere, Milchkühe, Schweine und Hühner. Während das Leben in den Forts der Armee von Routine und Langeweile gekennzeichnet war und seinen Bewohnern kaum Annehmlichkeiten bot – die einzigen Zivilisten am Ort waren Offiziersfrauen und Wäscherinnen –, herrschte bei den Pelzhändlern ein munteres Treiben. Einige der Bourgeois verstanden es durchaus zu leben. So veranstaltete Edwin Denig, Herr von Fort Union und Gatte von zwei Squaws, Mitte des 19. Jahrhunderts regelmäßig Bälle für die Angestellten. Er spielte dabei die Fidel. Der Maler George Catlin (1796–1872) schwärmte von den Delikatessen, die er am Tisch Kenneth McKenzies genießen durfte: Biberschwanz und Büffelzunge.

Linke Seite: Fort Laramie National Historic Site (Wyoming). Eine solche Szene könnte sich in dem Handelsposten einmal abgespielt haben.

Fort Laramie, wie es sich 1837 dem Maler Alfred Jacob Miller präsentierte. Der Handelsposten lag im Herzen des Landes der Sioux.

Fort Laramie National Historic Site. Der Lakota (Teton Sioux) Ron Hawks weiß, dass von den Geschäften, auf die sich seine Vorfahren hier eingelassen hatten, letztlich nur die Weißen profitierten.

Jagdtrophäen aus den Black Hills. Handelsposten in Custer (South Dakota).

Morgenstimmung am Missouri bei Pierre (South Dakota).

The Needles in den Black Hills. Felsformationen im Custer State Park (South Dakota).

Links und rechts: The Needles im Custer State Park, eine einzigartige Felslandschaft in den Black Hills (South Dakota).

Linke und rechte Seite: Black Hills National Forest (South Dakota). Die heiligen Berge der Sioux haben viele Gesichter.

Black Hills, Custer State Park (South Dakota): Sylvan Lake mit Harney Peak.

Dem Bison begegnet man auch wieder außerhalb des Yellowstone Parks. Hier im Custer State Park in den Black Hills (South Dakota).

Seit 1947 in Arbeit: das Crazy Horse Memorial in den Black Hills (South Dakota). Der Sieger von Little Bighorn starb 1877 in einem Handgemenge mit seinen Bewachern, nachdem er sich ergeben hatte.

Kolossale Kunst: Mount Rushmore Monument und Crazy Horse Memorial

Kopfarbeit. Bildhauer auf Borglum-Schaukeln hämmern am Crazy Horse Memorial. Das schwebende Gerüst ist eine Erfindung des geistigen Vaters von Mount Rushmore, John G. de la Mothe Borglum.

Rechte Seite: Modell des Crazy Horse Memorial, nach dem in einem bestimmten Maßstab am Fels (im Hintergrund) gearbeitet wird.

Den Indianervölkern auf der nördlichen Ebene galten die Black Hills in South Dakota einst als heilig. Landhungrigen Pionieren war der Zutritt seit 1868 durch den Vertrag von Laramie verwehrt. Das alles aber war natürlich vollkommen vergessen, als 1870 dort Gold entdeckt wurde und Scharen von Abenteurern über das Land herfielen. Dass das weiße Amerika rund 50 Jahre später ausgerechnet hier ein nationales Monument errichten würde, das Werbeleute zur »heiligen Stätte der Demokratie« hochstilisierten, mag als Beispiel dafür gelten, wie sorglos mit den Befindlichkeiten der Ureinwohner Amerikas umgegangen wird. Die Rede ist vom Mount Rushmore National Monument. Das Monument zeigt die aus dem Granit des 2000 Meter hohen Berges gesprengten, gebohrten und gehauenen Häupter der ehemaligen Präsidenten George Washington (1789–1797), Thomas Jefferson (1801–1809), Abraham Lincoln (1861–1865) und Theodore Roosevelt (1901–1909), alles Männer, die sich für die Entwicklung der Vereinigten Staaten besondere Verdienste erworben haben. Ersonnen wurde das Werk von John Gutzon de la Mothe Borglum.

Borglum wurde 1867 in Idaho geboren. Der Vater, ein dänischer Einwanderer, war Holzschnitzer, verdiente sich sein Geld aber als Arzt. Der Sohn ließ sich in Nebraska, Kansas, Los Angeles, San Francisco und Paris zum Maler und Bildhauer ausbilden. Zwischen 1895 und 1901 gab es mehrere Borglum-Ausstellungen in London und Paris, wo er als Schüler Auguste Rodins gehandelt wurde. 1902 eröffnete er ein Studio in New York.

Eigentlich wollte Borglum seine vier Auserwählten züchtig vom Kopf bis zur Gürtellinie zeigen. Am Ende blieb es zum Glück bei den Köpfen,

denn mit Apoll hatte keiner der Herren allzu viel gemein.

Bei der Berechnung der Proportionen nahm Borglum Gestalten mit einer Höhe von 180 Metern an. Deshalb messen beispielsweise Washingtons Kopf vom Scheitel bis zum Kinn rund 18 Meter, seine Nase und sein Mund je sechs Meter und die Augen drei Meter. Als Vorlage für die Außenarbeiten hatte der Künstler eineinhalb Meter große Einzelmodelle hergestellt. Jedem Zentimeter auf dem Modell würden 120 Zentimeter an der Bergwand entsprechen. Mithilfe dieses Maßstabs wurden am Fels sodann einzelne Punkte, beispielsweise eine Nasenspitze, geortet und das überschüssige Gestein mit Dynamit weggesprengt – insgesamt über 450 000 Tonnen. Mit einigen Unterbrechungen, bedingt durch Geldnot und Wetter, arbeitete Borglum von 1927 bis zu seinem Tod 1941 an dem Denkmal. Vollendet wurde es dann von seinem Sohn Lincoln. Von den Gesamtkosten von 990 000 Dollar trug der amerikanische Steuerzahler 836 000.

Die indianische Antwort auf das, was mancher eingeborene Traditionalist als unglaublichen Frevel empfunden haben mag, fiel eher »amerikanisch« aus. Sioux-Häuptlinge beauftragten 1939 einen ehemaligen Mitarbeiter Borglums, Korczak Ziolkowski, mit der Errichtung eines aufsehenerregenden Crazy Horse Memorial nördlich von Custer (South Dakota) zu Ehren des legendären Helden von Little Bighorn. Auf monumentalen 172 mal 214 Metern wollte man Crazy Horse als verwegenen Reiter in Granit verewigen.

Seit dem Jahr 1947 wird am Thunderhead Mountain gebohrt, gesprengt und gemeißelt. Im Vergleich zu Mount Rushmore ist bislang bereits das Zwanzigfache an Gestein abgeräumt worden. Jeder mag für sich entscheiden, ob er diese Monumentalbauten unter der Rubrik Geschmacklosigkeit einordnen oder aber als herausragende Zeugnisse menschlicher Schaffenskraft betrachten will. Der ältere Borglum wollte seine *sculpture with dynamite* jedenfalls zweifellos als Kunst verstanden wissen.

Wie nah indessen das Erhabene und das Lächerliche gerade bei Monumenten dieser Art beieinander liegen, mögen jene als Postkarten erhältlichen Fotomontagen belegen, die Mount Rushmore von hinten zeigen – mit den entblößten Hinterteilen der vier Präsidenten.

Mount Rushmore National Monument (South Dakota): George Washington, der erste Präsident der Vereinigten Staaten, im Profil.

Linke Seite: Die Vier von Mount Rushmore (South Dakota). George Washington, Thomas Jefferson, Abraham Lincoln und Theodore Roosevelt schufen wesentliche Voraussetzungen für die Entwicklung der Vereinigten Staaten zur Weltmacht.

Zum Kuscheln nur bedingt geeignet: Im Tipi-Camp von Charly Juchler, Black Hills (South Dakota).

Tipi-Camp des Schweizers Charly Juchler: hautnahes Natur- und Kulturerlebnis für Touristen, die sich von ihm durch das Land der Indianer führen lassen.

Begrüßung auf dem Rosebud Sioux Tribal Fair and Powwow. Das Fest findet jeweils Ende August auf der Rosebud Indian Reservation (South Dakota) statt.

Musik ist ein fester Bestandteil zeremonieller Handlungen bei allen Indianern. Die menschliche Stimme und die Trommel sind dabei die wichtigsten Instrumente.

BULLS
INSTITUTE
OF
AMERICAN INDIAN
STUDIES

Spannung vor dem Auftritt beim Powwow. Eine junge Cheyenne im Festgewand.

Links: Artist Ride, Shearer Ranch, nördlich von Wall (South Dakota). Filmemacher, Werbefotografen, Maler und andere Interessenten können sich hier ein Western-Szenario nach Maß bestellen – mit Schauspielern, Pferden und allem, was dazugehört. – Rechts: Ein Tänzer beim Rosebud Sioux Tribal Fair and Powwow (South Dakota).

Ein Lakota beim Rosebud Sioux Tribal Fair and Powwow (South Dakota).

Ron Hawks (Lakota) als *traditional dancer* auf einem Powwow. Er tanzt nicht für die Zuschauer oder des Geldes wegen. Seine Tänze sind Huldigung und Gebet.

Rechte und linke Seite: Herausgeputzt – beim Rosebud Sioux Tribal Fair and Powwow in der Rosebud Indian Reservation (South Dakota).

Pyramidenpappeln *(cottonwoods)* bei Bismarck (North Dakota).

Ein Stammesältester auf dem Land seiner Väter: Ron Hawks im Pine Ridge bei Fort Robinson (Nebraska). Sein Gestus ist eindeutig. Er fühlt sich als ihr rechtmäßiger Erbe.

Träume und Visionen gelten bei den Prärieindianern als Offenbarungen des Großen Geistes. Man begibt sich daher in traum- und visionsträchtige Situationen. Ron Hawks auf Scotts Bluff (Nebraska).

Winterquartier der Lewis-und-Clark-Expedition 1804/1805: Fort Mandan State Historic Site bei Washburn (North Dakota).

An der einstigen Wirkungsstätte von Calamity Jane und Wild Bill Hickok: Saloon in der Goldstadt Deadwood (South Dakota).

Mit dem Bike auf dem Kriegspfad? Ein moderner Prärieritter und sein Feuerstuhl.

Wildwest-Legenden: Buffalo Bill und Calamity Jane

»Ich komme.« – Mit diesem Plakat kündigte man Buffalo Bills großartiges Wildwest-Spektakel in Paris an.

Was gemeinhin Wilder Westen genannt wird, ist das Produkt von Fiktionen, wie sie von Hollywood am Fließband geliefert worden sind. Diese Fiktionalisierung war jedoch in Groschenromanen, die seit Mitte des 19. Jahrhunderts von einem Millionenpublikum verschlungen wurden, bereits in vollem Gang, als man dort noch ums schiere Überleben kämpfte. Für einige der Romanhelden gab es Vorbilder, die alles taten, um dem Image, das ihnen verpasst wurde, gerecht zu werden, so zum Beispiel William F. Cody alias Buffalo Bill (1846–1917) und Martha Jane Cannary alias Calamity Jane (1852–1903).

Cody wurde 1867/68 bekannt, als er in 18 Monaten 4280 Büffel zur Versorgung von Eisenbahnbautrupps erlegte. Als er bei einem Preisschießen 69 der Kolosse tötete, wurde er zum Champion Buffalo Hunter ausgerufen. Wenig später erschien der erste Buffalo-Bill-Roman von Ned Buntline, der eigentlich E. Z. C. Judson hieß und Cody in Fort McPherson begegnet war. Judson schrieb auch ein Bühnenstück, das – mit Cody als Darsteller – 1872 in Chicago uraufgeführt wurde. Ein peinliches Machwerk, fand die Kritik – das Volk jubelte. Dies inspirierte Cody zu einer eigenen Show mit Indianern und Büffeln. »Buffalo Bill's Wild West« hatte 1883 in Omaha Premiere und wurde so populär, dass auch Europa und seine gekrönten Häupter das Spektakel immer wieder sehen wollten. Unterdessen strickten Autoren unablässig am Buffalo-Bill-Mythos. Dennoch machte der Zirkus 1913 Pleite.

In der Biografie Martha Jane Cannarys gibt es nicht viel historisch Gesichertes. Sie trug Männerkleider, arbeitete als Kutscher, für die Armee und als Prostituierte, kämpfte gegen Indianer, soff sich durch die Saloons der Black Hills, prügelte sich und fluchte wie ein Knecht. Als freilich 1878 in Deadwood (South Dakota) die Pocken ausbrachen, half nur sie dem Arzt. Die Herkunft ihres Namens Calamity Jane ist umstritten. Ihre Karriere als Wildwestamazone begann 1878 in Edward L. Wheelers Deadwood-Dick-Geschichten.

Rechte Seite: Buffalo Bill Ranch. Buffalo Bill State Historic Park bei North Platte (Nebraska).

THE IRMA

Die Bar des »viktoriani-
schen« Hotels »Irma« in
Cody (Wyoming). Der Bau-
herr, William F. Cody alias
Buffalo Bill, benannte es
nach einer seiner Töchter.

Scenic am Westrand des
Badlands National Park
(South Dakota). Wildwest-
Nostalgie im Longhorn
Saloon.

Eine bemalte Trommel. Auch sie erzählt eine von einem Traum oder einer Vision diktierte Geschichte.

Artist Ride, Shearer Ranch, nördlich von Wall (South Dakota). Sonja Holy Eagle inmitten ihres Ambientes kann von Filmemachern, Werbefotografen und anderen Interessenten als Darstellerin in einem authentischen Western-Szenario engagiert werden.

BIG K

Symbol des Hoffens und des Bangens: der Independence Rock am Oregon Trail (Wyoming). Fast eine halbe Million Landsucher kam hier vorbei.

Das Pferd kam um 1700 auf die nördliche Ebene und veränderte das Leben der Indianer radikal. Prompt wurde es ein »heiliges« Tier.

Auf der Suche nach Radspuren von Planwagen? Auf dem Oregon Trail am South Pass (Wyoming) kann man sie noch finden.

Spurensucher auf dem Oregon Trail am South Pass (Wyoming).
Die Planwagen der Siedlertrecks hinterließen oft tiefe Rinnen.

Am South Pass (Wyoming). Tausende von Planwagen schnitten diese Gasse ins Gelände.

Auf dem Oregon Trail am South Pass (Wyoming). Das Bild macht deutlich, warum man gerade hier die Rocky Mountains überquerte.

Wie im Kino! Auf der Shearer Ranch bei Wall (South Dakota) liefert Artist Ride auf Bestellung Westernszenen etwa für Filmemacher oder Werbefotografen.

Bei Lander (Wyoming). Cowboyland an den Osthängen der Wind River Range.

Old West Outfitters in Lander (Wyoming): die Besitzerin Barbara Guenther – hier mit ihrem Sohn – bürgt für die Echtheit des Western Looks.

Straßen der Siedler: Oregon und California Trail

Independence Rock am Oregon Trail (Wyoming). Ein Planwagenzug formiert sich für die Nacht zur Wagenburg (1843), nachempfunden von William Henry Jackson in einem Aquarell (1929).

Rechte Seite: Auf dem Independence Rock am Oregon Trail.

Trails waren die Karawanenstraßen, auf denen landhungrige Siedler mehr als das halbe 19. Jahrhundert lang in den weiten Westen zogen. Meist handelte es sich um Pfade, auf denen Indianer, Trapper und Händler zu Fuß oder reitend ihren Geschäften nachgegangen waren. Solche Trails waren nur noch bedingt tauglich, als es darum ging, mit den von Ochsen oder Pferden gezogenen, mit Werkzeug, Mobiliar, Saatgut, Nahrungsmitteln sowie der Bibel bepackten Wagen Flüsse zu durchqueren, Gebirge zu überwinden und gegen verärgerte Indianer gewappnet zu sein. Es galt also, zu bestimmten Strecken Alternativen zu finden. Jede neue Karawane versuchte, aus den Erfahrungen der Vorgänger zu lernen. Viele Jahre suchte man nach der besten Route.

Zur Legende geworden sind der über 3200 Kilometer lange Oregon Trail und sein Abzweig nach Kalifornien. Ausgehend von Independence oder St. Joseph am Missouri folgte der Trail dem Lauf des Little Blue River, des Platte und des North Platte River ins südwestliche Wyoming und überquerte am South Pass die Rocky Mountains in Richtung Fort Hall. Oregon-Fahrer ließen sich von nun an vom Snake und Umatilla River nach Nordost-Oregon und vom Columbia an ihr Ziel führen, das Tal des Willamette. Kalifornien-Fahrer strebten ab Fort Hall in südwestlicher Richtung dem Humboldt River zu, überquerten die Sierra Nevada und erreichten über den Bear Creek das fruchtbare Tal des Sacramento.

Aufwändige Publicityaktionen riefen Teilnehmer zusammen, die aus ihrer Mitte einen *Captain* wählten, der mit militärischer Macht ausgestattet war, engagierten einen *Pilot* (Lotsen), bestimmten einen *Council of Ten* (Schiedsgericht) und gaben sich eine Verfassung, da man einen rechtsfreien Raum betreten würde.

Die Siedler bildeten vier Züge, die sich parallel zueinander bewegten, damit sie bei Gefahr eine Wagenburg bilden konnten. Da man selten mehr als 15 bis 20 Kilometer am Tag bewältigte, dauerte die anstrengende Reise Monate. So mancher überlebte die Strapazen nicht.

Das Tal des Snake River vor der Kulisse des Teton Range, Grand Teton National Park (Wyoming).

Devils Tower National Monument (Wyoming). Um den 260 Meter hohen vulkanischen Kegel ranken sich zahlreiche indianische Legenden.

Tipis bei Browning (Montana) anlässlich der North American Indian Days.

Ritter der Prärie: die Crow-Indianer

Ein Crow-Häuptling, gemalt von George Catlin 1832. Reiter und Pferd tragen eine Adlerfederhaube. Dieses Bild bewog viele Zeitgenossen Catlins, die Reiter vom oberen Missouri als »Ritter der Prärie« zu sehen.

Rechte Seite: Zeitgenössischer Crow-Häuptling (Montana). Die Adlerfederhaube weist ihn als bedeutenden Krieger aus.

Selbst nannten sie sich Absaroka, was mit »Kinder des großschnabligen Vogels« übersetzt wird. Ursprünglich gehörten sie zu den Hidatsa. Die Vision eines Häuptlings bewog sie aber im 17. Jahrhundert, sich abzuspalten und nach Westen zu ziehen. In vieler Hinsicht ist ihre neuere Geschichte typisch für die Nationen auf der Großen Ebene. Um 1750 erreichte sie das Pferd; Ackerbau und Erdhaus wurden abgelöst von Jagd und Tipi. Der Status eines Mannes wurde fortan gemessen an der Zahl der Geschenke, die er verteilen konnte, den *giveaways*, an seinen Fähigkeiten als Jäger und Krieger sowie an der Zahl seiner *coups* und der erlegten Büffel. Pocken im frühen 19. Jahrhundert löschten die Hälfte des Volkes aus; die im Vertrag von Laramie 1851 zugewiesenen Jagdgründe verringerten sich bis 1900 von 156 500 auf 9300 Quadratkilometer. Heute leben etwa 8500 Crow in ihrem Reservat im Süden Montanas. Ihr Land ist landwirtschaftlich wertvoll und birgt Bodenschätze, hauptsächlich Kohle. Da man zur Nutzung der Ressourcen Hilfe braucht, liegt die Arbeitslosigkeit zeitweise bei 50 Prozent – mit den üblichen Folgen: Alkoholismus, Drogenabhängigkeit und Diskriminierung.

Die Vision jenes Vorfahren, dass man im Westen eine Tabakpflanze fände, deren Samen das Volk schützen und seine Identität begründen würde, hat die Crow in ihrer kulturellen »Einmaligkeit« bestärkt, sodass dort traditionelle Strukturen unverfälschter anzutreffen sind als sonst in der Region. Zwar gibt es bei ihnen Kirchen mehrerer Glaubensrichtungen, aber von größerer Bedeutung sind Heilungsriten samt Medizinmann und Medizinbündel, rituelles Schwitzen in der Schwitzhütte, *giveaways*, der Sonnentanz und die Erhaltung des Tabak-Bundes *(tobacco society)* als wichtigster kultischer Einrichtung. Auch der Crow Fair im August mit Umzügen und Tänzen ist mehr als eine folkloristische Erinnerung an bessere Tage. Er dient der Festigung von Banden, die den Einzelnen mit Familie und Gemeinschaft vernetzen.

Ein grimmiger Crow während des Crow Fair, Crow Agency (Montana).

Links: Shawn Real Bird, ein Crow, mit Heiligem Bündel. Den Bündeln werden magische Kräfte nachgesagt. Ihr Inhalt (Vogelfedern, Fellteile, Krallen) geht meistens auf einen Traum oder eine Vision zurück. – Rechts: Reiter und Pferd sind herausgeputzt für einen Festzug während des Crow Fair, Crow Agency (Montana).

Links: Tänzer auf dem Crow Fair vor dem Auftritt, Crow Agency (Montana).
Rechts: Die stampfenden Bewegungen der Tänzer werden von Metallschellen an den Fesseln rhythmisch begleitet.

Tänzer kurz vor ihrem Auftritt. Frauen sind bei traditionellen Tänzen meist nur Zuschauer. Crow Fair, Crow Agency (Montana).

NATION
POW-WOW
MISS
MISS
185

Linke und rechte Seite: Auf dem Crow Fair, Crow Agency (Montana). Die mehrtägigen Powwows dienen nicht nur der Pflege geheiligter Traditionen. Sie bieten auch Unterhaltsames in Form von Festzügen, Paraden, Rodeos, Miss-Wahlen und anderem.

Links und rechts: Jugend auf dem Crow Fair, Crow Agency (Montana). Das Kleid von Honey Hudetz (rechts) ist ganz traditionell mit Tierzähnen bestickt.

Der Cree Bill Joseph mit seinem Pferd. Die Kopfform des Tieres verweist auf Ahnen mit arabischem Blut.

Beim Fancy Shawl Dance während des Crow Fair, Crow Agency (Montana).

Junger Tänzer beim Rosebud Sioux Tribal Fair and Powwow, Rosebud Indian Reservation (South Dakota).

Linke und rechte Seite: So schön, und doch keine Zeit für ein Lächeln! Ein richtiger Powwow verlangt volle Konzentration – und macht müde. Crow Fair, Crow Agency (Montana).

Robin Canfield, eine Crow-Indianerin (Montana).

Zugeständnis an die Zeit: Metallschellen als Rhythmusinstrument am Zeremonialgewand anstelle von Rasseln aus organischen Materialien – sogar *traditional dancers* sind offen für Neuerungen.

Chuck und Shawn Real Bird, Crow-Häuptlinge (Montana).

Reiter versammeln sich zum Festzug, Crow Fair, Crow Agency (Montana).

Abgelöst von Pick-ups und Pferdeanhängern: Früher schleppten Pferde und Hunde auf Tragschleifen aus Gerüststangen (travois) Tipi-Zubehör von Ort zu Ort.

Wilde Canyons, malerische Seen: der Grand Teton National Park

Junger weißköpfiger Seeadler. Ein Artgenosse bildet den Mittelpunkt des amerikanischen Staatswappens.

Der Grand Teton National Park (siehe Karte Seite 281) erstreckt sich über eine Fläche von 1260 Quadratkilometern. Er wurde 1929 gegründet und verdankt seinen Namen den Fantasien frankokanadischer Trapper, die sich beim Anblick der Gipfel an Frauenbrüste erinnert fühlten. Er ist ganzjährig geöffnet (Einschränkungen im Winter). Schneefälle gibt es von November bis März. Sommerurlauber sollten zwischen Mitte Juni und Anfang September reisen, müssen sich das Szenario dann aber mit Legionen von Touristen teilen. Die Parkgebühr beträgt 20 Dollar je Fahrzeug (für sieben Tage; Tickets gelten auch für den Yellowstone National Park).

Die Tetons sind ein Gebirgszug, der schroff bis zu 4200 Meter in den Himmel ragt. An seinem Fuß reiht sich Gletschersee an Gletschersee – wunderschön und ein Anglerparadies. Östlich davon durchzieht der Snake River ein Hochtal, in dem Nordamerikanischer Beifuß, Weide, Pappel-, Kiefer-, Fichten- und Tannenarten Lebensraum für Biber, Otter, Gabelantilope, Reh, Hirsch, Elch, Kojote, Bär, Weißkopf- und Fischadler, Trompeterschwan, Kranich, Wildgans und -ente bieten. Im National Elk Refuge überwintert Amerikas größte Hirschherde.

Der Park erschließt sich mit dem Auto, zu Fuß, zu Wasser, mit Pferd und Bus. Autofahrer folgen der Teton Park Road oder dem US Highway 89/191/287 oder verbinden beide Straßen zu einer Rundfahrt. Den besten Ausblick gewährt Signal Mountain. Wanderern steht ein Netz von Trails zur Verfügung. Trekker und Kletterer müssen ihre Touren bei der Parkverwaltung anmelden. Angebote für Rafting auf dem Snake River, für Kanu- und Bootsfahrten sowie Ausritte gibt es reichlich. Führungen können ebenfalls gebucht werden. Übernachtungsmöglichkeiten bieten fünf Campingplätze (Reservierung nicht möglich) sowie Motels und Lodges (Reservierung unter www.gtlc.com, www.cowboyvillage.com, www.dornans.com, www.signalmtnlodge.com oder Tel. 307/5433100 bzw. 307/5432413).

Rechte Seite: Der Snake River mit den Viertausendern des Teton Range. Grand Teton National Park (Wyoming).

Blick vom Snake River Overlook auf Teton Range, Grand Teton National Park (Wyoming).

Weißköpfiger Seeadler, das Wappentier der Vereinigten Staaten.

Er hat ein ruhiges Plätzchen gefunden, was gar nicht so leicht ist: Bisonbulle im Yellowstone National Park (Wyoming).

Es dampft, brodelt und blubbert allenthalben im Yellowstone National Park (Wyoming); hier im Lower Geyser Basin.

Norris Geyser Basin, Yellowstone National Park (Wyoming). Hier befindet sich der größte Geysir der Welt, genannt Steamboat. Seine Fontäne schießt alle paar Jahre 120 Meter in die Höhe.

Sapphire Pool. Die Häufung von Geysiren, heißen Quellen und Schlammkesseln im Yellowstone National Park (Wyoming) ist sensationell und weltweit einmalig.

Bisons durchqueren den Yellowstone River. Yellowstone National Park (Wyoming).

Great Fountain Geyser im Yellowstone National Park (Wyoming). Wenn er ausbricht, macht er seinem Namen alle Ehre.

Im Grand Canyon of the Yellowstone stürzt der Fluss über zwei Wasserfälle 360 Meter in die Tiefe – hier die Lower Falls, Yellowstone National Park (Wyoming).

Paradies für Wildtiere: der Yellowstone National Park

Spektakuläre Farbeffekte verhalfen der heißen Quelle zu ihrem Namen: Grand Prismatic Spring im Midway Geyser Basin, Yellowstone National Park (Wyoming).

Rechte Seite: Kalkablagerungen, Salze und Bakterien schaffen ein grandioses Naturschauspiel: die Sinterterrassen der Mammoth Hot Springs im Yellowstone National Park (Wyoming).

Der Yellowstone National Park (Karte siehe Seite 281) ist ein Park der Superlative: Er ist der älteste (gegründet 1872), drittgrößte (über 9000 Quadratkilometer), populärste (über drei Millionen Besucher jährlich) und spektakulärste aller US-Nationalparks. Er ist ganzjährig geöffnet, kann im Winter allerdings nur mit Schneemobilen befahren werden. Bei Wetterstürzen muss man sogar im Sommer mit Schnee rechnen. Herbergen, Gaststätten und Geschäfte sind von November bis Mitte Dezember und von Mitte März bis Anfang Mai geschlossen. Die Parkgebühren liegen bei 20 Dollar je Fahrzeug (für sieben Tage; Tickets gültig auch für Grand Teton) und 15 Dollar je Schneemobil oder Motorrad. Wanderer, Radler und Langläufer zahlen zehn Dollar.

Den Gründern von Yellowstone ging es zunächst um den Schutz der Geysire, blubbernden Schlammkessel, Fumarolen und heißen Quellen, die hier zu bestaunen sind. Inzwischen gelten Landschaftsschutz und Schutz der einmaligen Population von Wildtieren – Bison, Grizzly, Schwarzbär, Elch, Hirsch, Wolf, Kojote und andere – bei den Verantwortlichen als gleichrangige Ziele. Der Trapper John Colter, einst in Diensten der Expeditionsreisenden Meriwether Lewis und William Clark, hatte 1807/08 als Erster von den Naturwundern berichtet. Dem heutigen Besucher erschließen sich diese durch die knapp 230 Kilometer lange Grand Loop Road. Auf ihr gelangt man zu den Besuchszentren Albright (Mammoth Hot Springs), Canyon Village, Old Faithful, Fishing Bridge und Grant Village.

Für Übernachtungen stehen sieben Campingplätze des National Park Service zur Verfügung (Reservierungen sind nicht möglich). Betreiber sämtlicher Hotels innerhalb des Parks und fünf weiterer Campingplätze ist AmFac Parks & Resorts. Reservierungen unter Tel. 307/344 73 11, Fax 307/344 74 56.

Eine der vielen Attraktionen des Yellowstone National Park (Wyoming) ist seine artenreiche Population von Wildtieren. Links oben: Kanada-Gänse, links unten: Hirschkuh mit Kalb. – Rechte Seite: Bisonherde am Firehole River.

Die Wasservögel sind in ihrem Element. Aber auch für den Bison ist der Fluss kein Problem. Yellowstone National Park (Wyoming).

Elegant schlängelt sich der Yellowstone durchs Hayden Valley, Yellowstone National Park (Wyoming).

Winter im Yellowstone National Park (Wyoming). Der größte Teil des Parks ist nur mit Schneemobil, Langlauf- oder Tourenski befahrbar. Hier der Grand Canyon of the Yellowstone.

Verwunschene Winterlandschaft: Mammoth Hot Springs im Yellowstone National Park (Wyoming).

Mühsame Nahrungssuche. Bisons im winterlichen Yellowstone National Park (Wyoming).

Ob See, Fluss oder Bach, keines der Gewässer im Yellowstone National Park (Wyoming) ist frei von thermalen Einflüssen. Hier der Yellowstone River im Hayden Valley.

Great Fountain Geyser, Yellowstone National Park (Wyoming).

Ein Wintermärchen. Der Yellowstone National Park in Wyoming.

Die letzten Gefechte: Little Bighorn und Wounded Knee

1876 Architekt des indianischen Sieges am Little Bighorn; 1890 erschossen von einem Sioux-Polizisten: Sitting Bull, Häuptling der Hunkpapa-Sioux.

Rechte Seite: Ron Hawks vor dem Massengrab am Wounded Knee Creek (South Dakota). Nach dem Gemetzel von 1890 erhielten Freiwillige für jede Leiche, die sie in die Grube warfen, zwei Dollar.

Nach dem unrechtmäßigen Einfall der Goldsucher in die Black Hills ab 1870 formierten sich 2500 Sioux und Cheyenne am Little Bighorn in Montana zum Widerstand. Als Drahtzieher machten die Amerikaner schnell den »unverbesserlichen« Sitting Bull und den »händelsüchtigen« Crazy Horse aus. Drei Truppenverbände unter Brigadegeneral Alfred Terry sollten die Aufständischen in ihre Reservate zwingen. Am 22. Juni anno 1876 löste sich Oberstleutnant George Armstrong. Custer mit 600 Kavalleristen aus dem Verband Terrys. Ziel war eine Umzingelung.

Custer, in der Militärakademie West Point gerade so durchs Examen gekommen, hatte sich im Bürgerkrieg (1861–1865) militärische Meriten erworben. Zwischenzeitlich war er bei seinem Präsidenten und ehemaligen Kriegsherrn Ulysses S. Grant in Ungnade gefallen und von seinem Kommando suspendiert worden. Jetzt wollte er es allen zeigen und die versammelten Rothäute im Alleingang zur Räson bringen. Fehleinschätzungen und seine Borniertheit kosteten ihn und über ein Drittel seiner Mannschaft das Leben; den Rest musste der nachrückende Terry retten.

Little Bighorn war militärisch ein Klacks. Und doch ist kaum eine Kriegshandlung der US-Geschichte so mythologisiert worden wie Custers letztes Gefecht. Als Held aus dem Bürgerkrieg heimgekehrt, war Custer als schneidiger Indianerjäger zum nationalen Idol aufgestiegen. Seine Niederlage wurde deshalb von vielen Amerikanern, die gerade stolz die ersten 100 Jahre ihrer Nation

feierten, als persönliche Schmach empfunden. Das Volk rief daher nach Rache; die Armee hörte es gern und ging verstärkt zur Vorwärtsverteidigung über.

Zu den Opfern der neuen Strategie zählten Red Cloud, Crazy Horse, Chief Joseph und schließlich auch Sitting Bull, der im Dezember 1890 bei seiner Festnahme getötet wurde. Zu diesem Zeitpunkt hatte der Konflikt durch die Geistertanz-Religion *(Ghost Dance)* allerdings eine völlig andere Qualität bekommen. Der Messias hieß Wovoka, war ein Paiute und lebte in Nevada. Ihm hatte der Große Geist 1889 die Rückkehr des Büffels, der Toten zu ihren Familien und den Abgang des weißen Mannes verheißen, vorausgesetzt, die Indianer würden sich zum Geistertanz bekennen. Die Kunde verbreitete sich wie ein Präriefeuer und erreichte Dakota 1890. Die Massen steigerten sich in ein religiöses Delirium, das die Emissäre Washingtons in höchstem Maß beunruhigte. Als sich die Geistertänzer auch noch »kugelsichere« Geisterhemden überstreiften, schien der friedliche Charakter der Bewegung nicht mehr gewährleistet. Militär zog auf.

Nach dem Tod von Sitting Bull kaprizierte sich die militärische Führung auf den Miniconjou-Sioux Big Foot. Mit 350 Gefolgsleuten hatte dieser versucht, sich der Unterdrückung zu entziehen, wurde aber am 28. Dezember 1890 am Wounded Knee Creek (South Dakota) gestellt und von 500 Kavalleristen zur Aufgabe gezwungen. Als Big Foot und seine Krieger am nächsten Morgen entwaffnet werden sollten, kam es zu einem Handgemenge, das als Massaker endete. Mindestens 153 – nach anderen Schätzungen annähernd 300 – Sioux und 25 amerikanische Soldaten fanden den Tod. In der Erinnerung der Dakota-Indianer ist Wounded Knee mehr als nur ein Ort des Grauens, an dem man noch Tage nach dem Gemetzel die zu grotesken Formen gefrorenen Leichen von Männern, Frauen und Kindern fand. Hier wurde – in den Worten des greisen Black Elk – der schöne Traum eines ganzen Volkes komplett ausgelöscht. Der Bezug zum Land, der diesen Menschen heilig war, war gewaltsam und unwiderruflich zerstört worden – durch Usurpatoren.

Oben: Schlachtfeld von Wounded Knee. – Unten: Die gefrorene Leiche des Miniconjou-Sioux Big Foot auf dem Schlachtfeld von Wounded Knee (South Dakota). Das Foto entstand zwei Tage nach dem blutigen Geschehen.

Linke Seite: Edgar S. Paxsons Version von »Custer's Last Stand« (1899). Der Künstler hatte sich zuvor 20 Jahre lang intensiv mit dem Thema befasst.

Tipi-Camp der Blackfoot in Montana.

Die Blackfoot Mya Spoonhunter während der North American Indian Days in Browning (Montana). Bunte Glasperlen kamen mit den Pelzhändlern an den oberen Missouri und veränderten Kleider- und Schmuckmode.

Joe Saenz vom Volk der Yaqui (Mexiko). Er lebt in Alaska und erschien zu den North American Indian Days in Browning (Montana) mit den Insignien des Kriegers: Adlerfedern und Adlerkralle.

Linke und rechte Seite: Daryl und Willow Jack – er ein Navajo, sie eine Blackfoot – während der North American Indian Days in Browning (Montana). Für Kopfbedeckung, Oberkleid und Schild sind Federn, gefärbte Stachelschweinborsten und bunte Glasperlen zu kunstvollen Mustern und Formen verarbeitet worden.

Linke und rechte Seite:
Tänzer während der North American Indian Days in Browning (Montana).

Auf den North American Indian Days in Browning (Montana). Links: Phillip Paul von den Flathead. Rechts: Die Lemhi-Shoshone Rose Ann Abrahamson in einem Festgewand aus Wildleder mit kunstvollen Applikationen aus Glasperlen, Federn und anderen Materialien.

Links: Der Flathead Phillip Paul – zehn Jahre jünger – als *traditional dance*r. North American Indian Days, Browning (Montana). Rechts: Crissy Kipp von den Blackfoot beim Fancy Shawl Dance. North American Indian Days, Browning (Montana).

Glasperlenschmuck an Armen und den mit Pelzen verlängerten Zöpfen. Die Muster gelten als Eingebungen, die aus Visionen und Träumen kommen.

Glasperlen an den Manschetten und am Coupstab. Mit dem Stab sammelte ein Krieger einst *coups*, indem er damit einen Feind berührte, ohne selbst verletzt oder gar getötet zu werden. Die Anzahl der Coups bestimmte Ansehen und Status des Kriegers.

Links: Der Blackfoot George Kicking Woman mit Federhaube. Nur zivile Führer und Kriegshäuptlinge haben das Recht, Adlerfedern zu tragen. – Rechts: Ein Vogelbalg als symbolischer Bestandteil des Zeremonialstabs. Traditionell ist die Symbolik persönlich und nur für seinen Träger, seinen Clan oder seinen Bund entschlüsselbar.

Lichtdurchflutet: die Krone der Adlerfederhaube des Blackfoot George Kicking Woman.

Linke und rechte Seite: Die North American Indian Days Celebration in Browning (Montana) und ihre vielen Gesichter.

Der Shuswap-Indianer Percy Casper als *traditional dancer*. Stammland der Shuswap sind die Plateaus zwischen den Rocky Mountains und dem Cascade Range von Washington und Oregon.

Der Iowa Pete Fee mit traditioneller Gesichtsbemalung auf dem Crow Fair, Crow Agency (Montana). Indianer nehmen auch lange Wege in Kauf, um an Powwows teilzunehmen.

Kinder werden schon früh in das zeremonielle Leben der Stämme eingebunden und mit indianischem Brauchtum vertraut gemacht. Pi-Um-Sha Powwow and Treaty Days, Warm Springs (Oregon).

Erschöpft? Traditionelle Tänze dauern mehrere Stunden, manche – wie etwa der Sonnentanz – sogar mehrere Tage.

Junger Krieger mit Lanze auf einem Powwow in Chase bei Kamloops, British Columbia (Kanada).

Charakterstudie. North American Indian Days, Browning (Montana).

667

Linke und rechte Seite: Im Gegensatz zum weit verbreiteten Klischee können Indianer heiter und fröhlich sein. Das Bild der stoischen, einsilbigen Rothaut ist eine Erfindung von Literaten früherer Jahrhunderte.

Links und rechts: Obwohl die Materialien weitgehend die gleichen sind – Wildleder, Vogelfedern, Stachelschweinborsten, Felle, Pelze, Glasperlen und Farben –, gibt es unzählige Möglichkeiten der Gestaltung.

Tanzende Blackfoot. Die großen Tanzzeremonien bestehen aus einer Abfolge ritueller Funktionen, die von Kultgenossenschaften und Geheimbünden der Männer wahrgenommen werden.

1060
1057
1025

Linke und rechte Seite: Zeremonialtänze thematisieren vorwiegend jahres- und lebenszyklische Ereignisse wie Aussaat, Regen, Ernte, Jagd, Krieg, Schöpfung, Geburt, Reinkarnation. Sie unterscheiden sich regional jedoch stark. Im Bild tanzende Blackfoot, North American Indian Days, Browning (Montana).

Links und rechts: Tänzer in Aktion. Sie bewegen sich auf der Stelle oder mit kurzen stampfenden Schritten. Sprünge sind unüblich. Aus religiösen Gründen bleiben sie mit der Erde verbunden.

Die rituelle Funktion einer Kultgenossenschaft oder eines Geheimbundes innerhalb einer Tanzzeremonie lässt sich in der Regel an der (Ver-)kleidung und Bemalung ablesen.

1004
968
951

Adlerfedern und Stachelschweinborsten: traditionelles indianisches Kunsthandwerk

Speichertasche aus Wildleder (Lakota, ca. 1890), mit Applikationen aus geplätteten Stachelschweinborsten, Rosshaar, Blechhülsen und Glasperlen.

Rechte Seite: Lederhemd des gefürchteten Häuptlings Red Cloud, der mit seinen Oglala-Sioux in den 1860er-Jahren den Bozeman Trail verunsicherte.

Objekte traditioneller Kunst auf der Großen Ebene sind Adlerfederhauben, Bisonroben, Kleidungsstücke, Mokassins, Schmuck, der menschliche Körper (Bemalung und Tätowierung), Schilde, Sattelzeug, Tipis, Kindertragen, Taschen und Kultisches wie Medizinbündel, Pfeife und Tanzstock. Verarbeitet werden dabei Naturfarbstoffe, Baumbast, Gras, Binsen, Holz, Bisonwolle, Haare, Bärenkrallen, Muscheln, Knochen, Bisonhörner, Federn, Felle, Leder und gefärbte, abgeplattete Stachelschweinborsten *(quillwork)*. Letztere wurden von den von weißen Händlern ins Land gebrachten Glasperlen verdrängt. Meistens werden diese Materialien in Form von Applikationen aufgenäht.

Kunstobjekte in dieser Tradition entstehen nicht um der Kunst willen.

Bezeichnenderweise gibt es in den Indianersprachen kein Wort für Kunst. Hinter dem Objekt steht vielmehr das Bemühen seines Schöpfers, seine Rolle innerhalb seiner Welt und seines Kosmos zu definieren und damit seine private und kollektive Vergangenheit und Gegenwart zu verstehen. In diesem Sinn kann das Objekt Biografie (Dokumentation der Heldentaten eines Kriegers), Geschichtsschreibung (Dokumentation der glorreichen Augenblicke eines Volkes) oder Ausdruck kultureller (Stammes-) Identität sein. In jedem Fall handelt es sich um einen Spiegel von Kulturidealen, Glaubensinhalten und Wissen. Solche »Geschichten« werden erzählt mithilfe von Figuren (eigene und feindliche Krieger), Tier- (gute und böse Tiere), Pflanzensymbolik (Mais, Tabak, Blume), kosmischer Symbolik (Sterne, Sonne, Mond) und geometrischen Mustern. Das Design, nach dem solche Symbole zusammengefügt sind, wird als Eingebung durch Traum oder Vision und damit als heilig, urheberrechtlich geschützt und vererbbar verstanden. Selbst bei Erzeugnissen, die scheinbar rein dekorativ oder kommerziell sind, ist diese Art von Spiritualität gegeben. Indianische Künstler nach unserem Verständnis – Dichter, Maler, Bildhauer – machen erst seit ein paar Jahrzehnten auf sich aufmerksam.

Bemaltes Schild aus Leder. Traditionell herrscht die Vorstellung vor, dass dem Design die eigentliche Schutzfunktion zukommt. Ihm misst man magische Kräfte bei.

Beinkleid eines Tänzers. North American Indian Days, Browning (Montana).

Linke und rechte Seite: Obwohl Kunst nicht das eigentliche Ziel ist, entstehen bei der Bemalung von Tipis Kunstwerke. Tier-, Pflanzen- und andere Symbole »erzählen« in der Regel Episoden einer persönlichen oder kollektiven Geschichte.

Artist Ride, Shearer Ranch
bei Wall (South Dakota).
Ein Western-Darsteller wartet
auf ein Engagement durch
einen Filmemacher oder
eine Werbeagentur.

Der Blood-Indianer
Orlando Calling Last vor
seinem Tipi während der
North American Indian Days
in Browning (Montana).

Der amerikanische Westen und seine Landschaften
lassen sich nur als Epos von homerischer Größe begreifen.

Frühling am Mount Sinopah. Glacier National Park (Montana).

Wasserfälle im Glacier National Park (Montana). Links: St. Mary Falls. Rechts: Running Eagle Falls.

Der Glacier National Park in Montana

Der Glacier National Park, gegründet 1910, umfasst eine Fläche von 4120 Quadratkilometern und bildet mit dem kanadischen Waterton Lakes National Park im Norden ein Naturschutz- und Erholungsgebiet von gewaltigen Ausmaßen. Im Osten grenzen die beiden Parks an die Reservate der Blackfoot- und Blood-Indianer. Pfade und Wege in den Niederungen können in der Regel von Juni bis Oktober begangen werden; in den höheren Lagen können sie bis Mitte Juli eingeschneit sein. Die höheren Abschnitte der einzigen Verkehrsader durch den Park, der Going-to-the-Sun Road, können von Ende Oktober bis Juni gesperrt sein. Skifahrer finden ideale Bedingungen von Dezember bis Juni. Die Parkgebühr liegt bei zehn Dollar je Fahrzeug (für sieben Tage) und fünf Dollar für Besucher, die zu Fuß oder mit dem Fahrrad kommen. Dem Betrachter offenbart sich eine Gebirgslandschaft von unvergleichlicher Schönheit – mit immergrünen Wäldern, über 200 Seen, Wasserfällen, bunten Wiesen,türkisfarbenen Bächen, Felsmassiven und 50 Gletschern. Neben Elch, Hirsch, Puma, Kojote, Dickhornschaf, Schneeziege und Biber sind hier noch Grizzly-, Braun- und Schwarzbär, Bison, Grauer Wolf, Nerz, Adler und Eule anzutreffen. Die meisten Sehenswürdigkeiten sind nur zu Fuß oder zu Pferd über ein Netz von Trails mit einer Gesamtlänge von 1100 Kilometern zu erreichen, einige auch per Boot.

Die Parkverwaltung empfiehlt, die Trails nicht zu verlassen und Touren nie im Alleingang zu unternehmen, da Tiere unberechenbar sind. Führungen werden angeboten. Besuchern stehen 13 Campingplätze zur Verfügung. Reservierungen sind nur bei Fish Creek und St. Mary möglich (unter Tel. 8 00/3 65 22 67). Unterkünfte, die vom Park verwaltet werden, können unter Tel. 6 02/2 07 60 00 gebucht werden.

Rechte Seite: St. Mary Lake im Mondlicht. Glacier National Park (Montana).

Im einstigen Stammland der Blackfoot. Mount Sinopah mit Two Medicine Lake im Südosten des Glacier National Park (Montana).

Ein Unwetter zieht auf. Glacier National Park (Montana).

Lachsfischer an einem Seitenarm des Columbia River (Washington). Die Meerlachse steigen zum Laichen in ihren Geburtsfluss auf. Während sie springend Flusshindernisse überwinden, werden sie mit einem an einer Stange befestigten Netz gefangen.

Herausforderung für Kanuten: der Lochsa River unterhalb des geschichtsträchtigen Lolo Passes (Idaho).

Die Upper Mesa Falls (Idaho), am Highway von West Yellowstone nach Idaho Falls.

Die Proxy Falls (Oregon), am Highway von Eugene nach Redmond.

Der markante Chimney Rock (Nebraska), war eine wichtige Wegmarke am Oregon Trail.

Häuptling Delvis Heath, Warm Springs Indian Reservation (Oregon). Kulturgeschichtlich zählt er nicht zu den Prärieindianern. Mit der weiträumigen Bisonjagd im 19. Jahrhundert drangen jedoch Einflüsse aus dem Osten bis in die Plateaus jenseits der Rocky Mountains vor, wie seine Federhaube beweist.

Tänzer beim Shoshone-Bannock Indian Festival, Fort Hall Indian Reservation (Idaho).

Wasco-Frauen in Tanzkleidern beim Warm Springs Powwow (Oregon).

Festgewand und Fingerringe einer Wasco-Indianerin, Warm Springs Indian Reservation (Oregon). Silberschmuck ist eher typisch für die Pueblokulturen Neu Mexikos und Arizonas.

Three Sisters: erloschene Vulkane im Cascade Range von Oregon. Die ersten Siedler tauften sie Faith, Hope und Charity.

Smith Rock nördlich von Redmond (Oregon). Im Hintergrund der Kegel des Mount Jefferson.

Crater Lake ist Mittelpunkt des gleichnamigen Nationalparks (Oregon).
Der See liegt in einem Vulkankrater, der vor 8000 Jahren entstanden ist.

Magisches Mondlicht. Landschaft bei Bend (Oregon).

Abendlicher Ausritt am Pazifik. Die Küste bei Bandon zählt zum Schönsten, was das an landschaftlichen Reizen reiche Oregon zu bieten hat.

Treffpunkt Promontory Point: die Eisenbahn-Saga

Unbeschrankter Bahnübergang (Nebraska). Hier kommen nur noch endlose Güterzüge vorbei, die sich mit lautem Getöse ankündigen.

Rechte Seite, oben links: Ein historischer Augenblick: Union Pacific und Central Pacific verbinden sich zur ersten transkontinentalen Eisenbahn. Das Gemälde von Thomas Hill zeigt Honoratioren, die der Eröffnungsfeier gar nicht beiwohnten. Oben rechts: Eine Büffelherde blockiert die Schienen. Die Fahrgäste machen sich einen Spaß daraus, auf die Tiere zu schießen. – Unten: Angriff auf ein Teufelswerk. Aufgebrachte Indianer demolieren die Schienen.

Die Eisenbahngeschichte auf der Großen Ebene begann mit dem Bau der Union Pacific Railroad (1864–1869), die ihren Ausgangspunkt in Omaha (Nebraska) hatte und sich in Utah mit der von Sacramento (California) kommenden Central Pacific (1865–1869) zur ersten transkontinentalen Bahnlinie der USA vereinen sollte. Im gleichen Jahrzehnt wurden Pläne entwickelt für eine Nordroute, eine Verbindung zwischen den Großen Seen und dem pazifischen Nordwesten. Die Northern Pacific erreichte Bismarck (North Dakota) 1873, verhalf diesem Ort zu einer unverhofften Blüte und wurde schließlich 1883 transkontinental.

Schon 1832 hatte ein gewisser Hartwell Carver über eine solche Bahnlinie nachgedacht. Der New Yorker

Kaufmann Asa Whitney machte die Idee in den 1840er-Jahren hoffähig mit einem Finanzierungsmodell: Der Bau sollte mit Abtretungen von bundeseigenem Land an Bauträger bezahlt werden, die dieses ihrerseits links und rechts der Trasse an Siedler weiterveräußern durften. Politisch durchsetzen ließ sich dies zunächst aber nicht. Erst der Bürgerkrieg (1861–1865) schuf neue Interessenlagen. Whitneys Vorschlag wurde vom Kongress sanktioniert mit der Aussicht auf gigantische staatliche Landgeschenke und der Zusicherung von Subventionen für fertig gestellte Bahnkilometer. Solche Anreize stimulierten das Baugeschehen und die Anwerbung von Landnutzern. Eine Folge war der Dakota Landboom in den 1880er-Jahren, der einherging mit einer der größten Völkerwanderungen der Menschheitsgeschichte.

Eisenbahnen, die einen Kontinent überbrückten – das war der Stoff für die ungeschriebenen Epen des 19. Jahrhunderts. Besonders als sich Central Pacific und Union Pacific durch Ebenen und Berge fraßen und sich aufeinander zu bewegten, hielt Amerika den Atem an. Helden des durchaus blutrünstigen Stücks waren auf der westlichen Seite ein bahnbesessener Ingenieur, Theodore D. Judah, vier Geschäftsleute aus Sacramento, Leland Stanford, Charles Crocker, Mark Hopkins und

U.P.R.R.
25

Collis P. Huntington, die sich um das Kapital kümmerten und dabei zu einer Macht *(The Big Four)* wurden, James Harvey Strobridge als Bauleiter sowie ein Heer von Chinesen, das Unglaubliches vollbrachte. Auf der Gegenseite agierten Thomas C. Durant, ein nicht ganz koscherer Geschäftemacher; als Chefplaner ein Exgeneral, Grenville M. Dodge, zwei Brüder, Jack und Dan Casement, als Einpeitscher, annähernd 10 000 Iren und arbeitslose Bürgerkriegsveteranen, zu deren Werkzeug auch Gewehre zählten – zur Abwehr indianischer Angriffe –, ferner 8000 Zug- und Tragtiere. Nicht ganz unbedeutende Nebenrollen spielten Dirnen, Zuhälter, Zocker und Ganoven, die etwas für den Freizeitwert des Landes taten.

Bei der Verwirklichung des Projekts ging es nicht immer nur mit rechten Dingen zu. Da wurde schon mal ein ebener Streckenabschnitt zur Bergstrecke, weil die staatlichen Subventionen dann reichlicher flossen; da bauten CP und UP bei Ogden (Utah) munter aneinander vorbei, um Onkel Sam zu schröpfen, denn einen genauen Treffpunkt für die beiden Linien hatte man nicht festgelegt. Bodenspekulation, Lobbyismus, Stimmenkauf, erpresserische Landverkäufe, die den Eisenbahnen ein Transport- und Tarifmonopol sicherten, gehörten zum Geschäft. Als jedoch am 10. Mai 1869 der Ticker aus Promontory Point (Utah) ein »Vollbracht« meldete, feierte Amerika das Ereignis als das, was es wirklich war: eine Parade technologischer und logistischer Glanztaten. Für die Besiedlung des Westens war die Eisenbahn von entscheidender Bedeutung. Als auch noch die Schickeria des Landes das transkontinentale Reisen entdeckte, wurde die Bahn für Jahrzehnte zum gesellschaftlichen Event, für dessen Plüschrahmen der Unternehmer George Pullman aus Chicago sorgte. Nur die indianischen Reiter fanden keinen Gefallen an der neuen Technologie, denn diese beschleunigte das Ende ihres *way of life.*

Die Lokomotiven Jupiter (Central Pacific) und No. 119 (Union Pacific) bewegen sich langsam aufeinander zu und berühren sich schließlich. Ost- und Westküste sind sich an diesem 10. Mai 1869 ein ganzes Stück näher gekommen.

Linke Seite: Eine Bahnstation im amerikanischen Westen. Ausschnitt aus einem Ölgemälde von Oscar Berninghaus.

The Needles. Faszinierende Felslandschaft im Custer State Park, Black Hills (South Dakota).

Indianerland: Planen, Reisen, Genießen

ALLGEMEINE INFORMATIONEN

AN- UND EINREISE. Am besten reist es sich im Indianerland von Anfang Juni bis Ende September. Mit erheblichen Temperaturschwankungen (weit über 30 °C am Tag, kühle Nächte), heftigen Gewittern und sogar Tornados muss gerechnet werden. Amerikaner fahren zwischen Mitte Juni und 1. September in Urlaub. In den Nationalparks herrscht zu dieser Zeit Massenandrang. Reisende aus Europa fliegen zweckmäßigerweise Denver (Colorado) oder Salt Lake City (Utah) an.

Für die Einreise ist ein Reisepass erforderlich, der mindestens drei Monate über das geplante Rückreisedatum hinaus gültig ist. Deutsche (Westeuropäer) benötigen für Ferien- und Geschäftsreisen bis zu 90 Tagen kein Visum. Vor der Ankunft müssen eine Einreisekarte und eine Erklärung für den Zoll ausgefüllt werden. Die Formulare erhält man im Flugzeug. Beim Ausfüllen empfiehlt sich äußerste Sorgfalt.

AUSKUNFT. *In Deutschland:* Reiseinformationen zu Montana, North Dakota, South Dakota und Wyoming sind in jedem guten Reisebüro erhältlich. Detaillierte Auskünfte erteilt das Fremdenverkehrsamt RMI Rocky Mountains International – Germany – (nicht für North Dakota), Scheidswaldstr. 73, 60385 Frankfurt/Main, Tel. 0 69/25 53 82 30, Fax 06 9/25 53 81 00, E-Mail: info@wiechmann. de

In den USA: Rocky Mountains International (nicht für North Dakota), Chuck Box, President, Box 5031, 1815 Evans Avenue, Cheyenne, WY 82003, Tel. 3 07/6 37 49 77; sbalyo@rmi-realamerica.com

Fremdenverkehrsbüros der einzelnen Bundesstaaten: Travel Montana, 1424 9th Avenue, PO Box 200533, Helena, MT 59620-0533, Tel. 4 06/4 44 26 54; www.visitmt.com

North Dakota Tourism Department, 604 E Boulevard Avenue, Bismarck, ND 58505. Tel. 8 00/4 35 56 63; www.ndtourism.com

South Dakota Department of Tourism, 711 E Wells Avenue, Capitol Lake Plaza, Pierre, SD 57501-3369. Tel. 6 05/7 73 33 01; www.travelsd.com

Wyoming Business Council Tourism Division, I-25 at College Drive, Cheyenne, WY 82002. Tel. 3 07/7 77 77 77 oder 8 00/2 25 59 96; www.state.wy

Pioniernostalgie. Mit dem Planwagen unterwegs auf dem Oregon Trail.

ELEKTROGERÄTE. Das amerikanische Stromnetz arbeitet mit einer Spannung von 110 Volt. Nur konvertierbare europäische Geräte können daher benutzt werden. Erforderlich ist ein Adapter für amerikanische Steckdosen.

ESSEN UND TRINKEN. Zu den Spezialitäten der Region zählen Erzeugnisse vom Rind wie Steaks und Barbecues. Mit etwas Glück findet man auf der Speisekarte (*menu*) *Prairie Oysters* (Prärieaustern), d. h. Bullenhoden, die – bei richtiger Zubereitung – eine Delikatesse sind. Bei Einheimischen beliebt ist *mexican food*, das dem amerikanischen Geschmack angepasst ist. Fisch aus den Gewässern der Region ist von ausgezeichneter Qualität, wird aber fast nur paniert oder gegrillt serviert. Delikatessenabteilungen großer Supermärkte bieten an Imbissecken Schnellgerichte (nicht Fastfood) auch zum Mitnehmen an. In Restaurants sucht sich der Gast seinen Platz zum Essen niemals selbst. Gewöhnlich gelangt er im Empfang an eine Hinweistafel mit der Aufforderung »Please wait to be seated«. Von hier wird er an einen freien Tisch geleitet. Das übliche Trinkgeld beträgt 15 Prozent des Rechnungsbetrags und wird am Tisch zurükkgelassen. In manchen Gegenden, z. B. in Salt Lake City, besteht Alkoholverbot. Bier, Wein und Spirituosen werden dort nur in den Private Clubs der großen Hotels ausgeschenkt. Überall im Land (Ausnahme New Orleans) ist der Konsum von Alkoholika auf öffentlichen Straßen und Plätzen untersagt.

GELD. Man sollte schon vor dem Abflug Geld tauschen und sich mit Banknoten in kleinen Einheiten (Scheine im Wert von $ 1, 2, 10, 20) eindecken. In den USA sollte man stets einen kleinen Vorrat an Quarters (Münzen im Wert von 25 Cents) zum Füttern von Automaten (Getränke, Eiswürfel, Münztelefone, Waschmaschinen und Trockner in Motels) mit sich führen. Gängige Kreditkarten werden nahezu überall als Zahlungsmittel akzeptiert. Verbreitet sind MasterCard (Eurocard), Visa, American Express und Diners Club. Mit Kreditkarte und Geheimzahl kann an Bankautomaten (ATM = *automated teller machine*) problemlos Geld abgehoben werden. Dollar-Reiseschecks (American Express) sind vergleichsweise unpraktisch und teuer. Der ländliche Westen der USA gilt als sicheres Reiseland.

GESUNDHEIT. Durch Krankheit entstehende Behandlungskosten müssen von deutschen Kassen nicht übernommen werden. Zum Abschluss einer privaten Auslandskrankenversicherung wird daher geraten. Nur Notfälle werden in den USA ohne vorherige Bezahlung behandelt. Andere Behandlungen werden ohne Nachweis einer Versicherung oder Hinterlegung einer Kaution meistens abgelehnt. Verschreibungspflichtige Medikamente erhält man in der *Pharmacy*, die sich in jedem großen Supermarkt findet. Viele Medikamente, die hierzulande rezeptpflichtig sind, stehen in den USA in der Drogerieabteilung im Regal.

Gepflegte Gastlichkeit in grandioser Landschaft. Das Restaurant der Old Faithful Lodge im Yellowstone National Park (Wyoming).

Die Eroberung des Westens wurde oft beschrieben als eine Geschichte des Fortschritts – mit einem Sieg der Zivilisation über die Wildnis. War es ein Pyrrhussieg?

REISEN IM LAND. *Bus und Bahn:* Das Busnetz verbindet alle größeren und viele kleinere Orte miteinander. Die Sehenswürdigkeiten der Natur per Bus zu erreichen ist meistens jedoch umständlich und zeitraubend. Für Ausländer ist der »Ameripass« besonders preisgünstig. Dieser muss vor Reiseantritt und außerhalb der USA gelöst werden. Eisenbahnnostalgiker werden bedauern, dass Bahngesellschaften Personen nur noch auf wenigen Strecken zwischen Metropolregionen befördern.

Mietwagen und Wohnmobil: Am beweglichsten ist man mit Auto oder Wohnmobil (RV = *recreational vehicle*). Die landesweit operierenden Autovermieter unterhalten Agenturen auf allen größeren Flughäfen und in den großen Innenstadthotels. Beim Abschluss eines Vertrages sollte sichergestellt sein, dass Unfall- und Haftpflichtversicherung (*liability*) im Preis enthalten sind. Buchungen von zu Hause aus sind meistens preisgünstiger. Das Mindestalter zum Mieten eines Fahrzeugs beträgt 21 Jahre. In der Regel genügt ein nationaler Führerschein; ein internationaler kann gelegentlich (bei Polizeikontrollen) hilfreich sein. Die zulässigen Höchstgeschwindigkeiten sollte man nicht überschreiten. Verstöße können teuer werden. Richtungshinweise werden im Straßennetz nur an Knotenpunkten in Form von Städtenamen gegeben. Ansonsten orientiert man sich mithilfe der Straßennummer plus Himmelsrichtung (North, East, West, South). Wer also von Denver (Colorado) nach Cheyenne (Wyoming) reisen will, folgt I 25 North; von Yellowstone nach Cody (Wyoming) gelangt man auf US 14/16/20 East. Straßenkarten sind erhältlich an Tankstellen, in Welcome Centers an den Staatsgrenzen, Supermärkten und beim AAA (Triple A), dem amerikanischen Pendant zum ADAC. ADAC-Mitgliedern gewährt der AAA Preisnachlässe. Autofahrer sollten sich auf lange Strecken und Fahrzeiten einstellen und deshalb Ess- und Trinkbares mitführen. Der Weg bis zur nächsten Tankstelle kann endlos sein.

REISEN IN INDIANERRESERVATE. Der Besuch von Reservaten kann desillusionierend sein. Heruntergekommene Behausungen, Zivilisationsmüll, Schmutz, alkoholisierte und unter Drogen stehende Menschen sind Chiffren wirtschaftlicher Not, kultureller Entfremdung, Resignation und abhanden gekommener menschlicher Würde. In den meisten Reservaten sind Besucher willkommen. Bewohner sollte man um ihr Einverständnis bitten, ehe man sie fotografiert. Ein kleines Trinkgeld erhöht gewöhnlich die Bereitschaft zum Posieren. Informationen zu geführten deutschsprachigen Gruppenreisen unter www.chanteetan.com und www.Begegnungsreisen-Reisen.de.

SPORTLICHE AKTIVITÄTEN. Für Aktivurlauber gibt es im Indianerland eine Fülle von Möglichkeiten zur sportlichen Betätigung.

Rafting und Kanufahren: In Montana und Wyoming werden (Wild-)wasserfahrten angeboten auf dem Flathead und dem Snake River. Die entsprechenden Veranstalter stellen die nötige Ausrüstung und sorgen für die Verpflegung.

Klettern, Trekking, Radfahren, Wandern: Die Rocky Mountains, vor allem der Yellowstone, Grand Teton und Glacier National Park sowie State Parks und Recreation Areas (wie etwa Flaming Gorge in Wyoming) sind Paradiese für Extrem- und Freizeitsportler. Der Bewegungsuchende wird mit Sicherheit das finden, was seinen individuellen Vorlieben und Fähigkeiten entspricht. Die Wind River Range bei Lander (Wyoming) gilt als Mekka der Kletterer.

Reiten: Im klassischen Cowboyland kann man sich natürlich auch auf dem Rücken eines Pferdes im Gelände bewegen. Geritten wird *western style*, was mit europäischem Herrenreiten nicht viel zu tun hat. Gelegenheit dazu bieten Ranches, die Nationalparks der Region und andere touristische Einrichtungen.

Wintersport: Die Skigebiete der Rocky Mountains in Wyoming und Montana locken mit Pulverschnee und Abfahrten aller Schwierigkeitsgrade. Zu den Skiorten mit internationalem Flair zählt Jackson Hole am Südrand des Grand Teton National Park. Als Alternativen zur Piste empfehlen sich Langlauf, Tourengehen und Schneemobil-Touren im Hinterland.

Angeln: Mit ihren zahlreichen Flüssen und Seen ist die Region ein Traum für Angler. Gegen Entrichtung einer moderaten Gebühr darf in öffentlichen Revieren jedermann sein Glück beim Fischen versuchen.

Golf: In den USA ist Golf populärer und weniger exklusiv als hierzulande. Entsprechend ist das Angebot an Golfplätzen. In Montana und Wyoming sind Greenfees relativ niedrig.

TELEFONIEREN. Europäische Triband-Handys (*cellphone*) sind bedingt verwendbar; andere Typen funktionieren nicht. Die Vorwahl nach Deutschland (*country code*) lautet 01149. Danach wählt man die Vorwahl in Deutschland (ohne die an erster Stelle stehende 0) und den gewünschten Anschluss. Bei Vermittlungsproblemen hilft der *International Operator*, den man unter der Rufnummer 0 erreicht. Mit einer US-Telefonkarte kann von allen öffentlichen Apparaten aus telefoniert werden. Kartenautomaten finden sich auf Flughäfen, in Busbahnhöfen, Hotellobbys, Supermärkten und anderen Örtlichkeiten. Nach Hinterlegung eines Abdrucks der Kreditkarte (*print*) oder von Bargeld ($ 20) steht das Zimmertelefon im Hotel für Anrufe auch nach Übersee zur Verfügung.

ÜBERNACHTEN. *Motels:* Das Angebot an Motels ist groß. Sie liegen an den Durchgangsstraßen, sind zweckmäßig ausgestattet und in der Regel sauber. Motelketten wie Best Western, Holiday Inn und andere helfen Durchreisenden bei Reservierungen für den nächsten Stopp. In Städten kann sich ein kurzer Schwenk in eine Nebenstraße lohnen. Die Übernachtung kostet dort vielleicht nur die Hälfte. Motels/Hotels in und bei den National-

In einem Tipi ist reichlich Platz für Behaglichkeit und schönes Wohnen. Vögel und geometrische Muster an der Wand beziehen sich noch heute auf uralte Symbole.

parks sind in der Hauptsaison oft auf Wochen hinaus ausgebucht. Hier sollte man langfristig planen und reservieren.

Hotels: Sie finden sich in den Innenstädten, sind etwas teurer, aber keineswegs luxuriöser. Die Preisskala reicht von $ 30 bis $ 200 pro Person und Nacht.

Lodges: Diese werden gewöhnlich von großen Gesellschaften betrieben und überraschen oft durch niedrige Preise. Wer keinen Luxus erwartet, ist hier bestens aufgehoben, da man in der besonderen Atmosphäre eines alten Landsitzes oder eines Blockhaus-Komplexes in atemberaubender Landschaft wohnt.

Ranches: Wer sich einmal als Cowboy fühlen, einen *roundup* (Vieheintrieb) mitmachen, Drahtzäune reparieren und einen Eintopf vom *chuck wagon* (Feldküche) essen möchte, kann sich auf einer Working Ranch einmieten. Guest Ranches bieten Sport- und Freizeitaktivitäten wie Reiten, Fischen und Bergwandern. An eine Ranch erinnert da nur noch das Ambiente, während Resort Ranches eigentlich schon Luxusherbergen sind, die mit Cowboy-Romantik nichts mehr zu tun haben.

Camping: Zur Verfügung stehen staatliche (in National und State Parks, meistens preisgünstiger) und private *Campgrounds* (meistens komfortabler, auch als Campingplatzketten). Die Stellplätze sind in der Regel ausgestattet mit Holzkohlengrill, Strom und Wasser. In den Nationalparks kann während der Hauptsaison die Nachfrage größer sein als das Angebot.

Der Schweizer Charly Juchler veranstaltet Reisen durch das Indianerland. Im Bild ein Tipi-Camp Juchlers. www.chanteetan.com

ORTE UND SEHENSWÜRDIGKEITEN

Montana

Bannack State Historic Park. Bannack, südwestlich von Dillon, wurde 1862 nach einem Goldfund gegründet und für kurze Zeit Hauptstadt Montanas. Den heutigen Besucher erwartet eine kleine Geisterstadt mit original erhaltenen Häusern, einem Hotel, Gefängnis und Galgen.

Big Hole National Battlefield. Auf halbem Weg zwischen Wisdom und der Grenze zu Idaho befindet sich der landschaftlich zauberhafte Schauplatz eines Gefechts (heute mit Museum und Führungen im Gelände) zwischen US-Truppen und Nez-Perce-Indianern unter Chief Joseph im August 1877. Unter Verlusten konnten die Nez Perce ihre Verfolger abschütteln, ehe sie zwei Monate später an der Grenze zu Kanada gestellt und zur Kapitulation gezwungen wurden.

Big Sky. 70 Kilometer südlich von Bozeman gelegen, bietet der Ferienort hervorragende Wintersportmöglichkeiten und lädt im Sommer zu Rafting, Klettern, Wandern, Reiten, Golf und Tennis ein.

Bitterroot River Valley. Das Tal des Bitterroot River zählt zum Schönsten, was Montana landschaftlich zu bieten hat. Am besten startet man in Missoula auf der US 93 South. Unterwegs lohnt ein Besuch des Daly Mansion bei Florence, einer Prachtvilla des einstigen Kupferkönigs Marcus Daly. Ab Lost Trail Hot Springs geht es weiter auf der MT 43 East in Richtung Big Hole National Battlefield. In Wisdom ist auf der Route 278 South ein Abstecher zur Geisterstadt Bannack möglich. Tour-Ende (Länge 320 Kilometer) in Dillon.

Bozeman. Benannt nach John Bozeman, der 1864 die erste Planwagenkolonne aus Wyoming hierher führte und so zum »Entdecker« des legendären Bozeman Trail wurde. Die kleine Universitätsstadt lockt mit einem South Willson Historic District, dem Gallatin County Historical Museum im ehemaligen Bezirksgefängnis und dem ambitionierten Museum of the Rockies. Eisenbahnnostalgie verkörpert die Gallatin Gateway Inn 20 Kilometer südlich von Bozeman. Wintersportlern bieten sich ausgezeichnete Möglichkeiten in der Bridger Bowl Ski Area und im Bohart Ranch Cross-Country Ski Center im Norden der Stadt.

Browning. Hauptstadt der Blackfeet Indian Reservation. Über Geschichte und Kultur der Blackfoot und der Indianer der Großen Ebene informiert das Museum of the Plains Indian. Jährlicher Höhepunkt ist die North American Indian Days Celebration in der zweiten Juliwoche.

Butte. Auf dem »reichsten Hügel der Welt« erbaut, entwickelte sich die Stadt im 19. Jahrhundert wegen ihrer Bodenschätze zur bedeutendsten Silber- und Kupferstadt der USA, in der sich die Kupferkönige Marcus Daly, W. A. Clark und F. Augustus Heinze lange Zeit einen erbitterten Konkurrenzkampf um die vergrabenen Schätze lieferten. Die letzte Mine schloss 1983. Vom alten Glanz zeugt Amerikas zweitgrößter National Historic Landmark District mit über 4500 historischen Objekten. Besonders sehenswert sind das Copper King Mansion (Bauherr W. A. Clark), das Arts Chateau (Bauherr Clarks Sohn Charles), das Mother Lode Theater, das Butte-Silver Bow City-County Courthouse, das Dumas Brothel Museum (noch bis 1982 ein Bordell), das World Museum of Mining & 1899 Mining Camp sowie Berkeley Pit (eine ehemalige Kupfergrube).

Deer Lodge. Zu besichtigen ist das älteste Gefängnis Montanas (1871–1979). Am Nordrand des Städtchens liegt die ehemalige Zentrale einer 400 000-Hektar-Ranch, Grant-Kohrs Ranch National Historic Site. Gebäude, Einrichtung und Gerätschaften sind im Original erhalten und vermitteln ein authentisches Bild vom Leben im Königreich der Rinder.

Flathead Lake. Mit seinen bewaldeten Ufern, malerischen Buchten und seinem Fischreichtum zählt der See zu den populärsten Ausflugs- und Ferienzielen Montanas. Von Polson und Bigfork verkehren Boote zu den Wildpferden auf Wild Horse Island. Die Jewell Basin Hiking

Aufmarsch zur North American Indian Days Celebration in Browning (Montana). Das Fest zählt zu den größten dieser Art in den Vereinigten Staaten.

850

I.R.
CLK
Vick
KIM
INDIAN COUNTRY
TODAY
American Indian farmers and ranchers lobby
funding caught in budget battle
Department of Energy unveils new American Indian Policy
Language, culture key to education

Area östlich von Bigfork lockt Wanderer; Wintersport und im Sommer Bergwandern und Mountainbiking sind am Big Mountain nördlich von Whitefish möglich.

Glacier National Park. Siehe Special Seite 224.

Great Falls. Am 13. Juni 1805 berichtet Meriwether Lewis, Leiter der Lewis-und-Clark-Expedition, vom »grandiosesten Anblick« seines bisherigen Lebens. Er hatte die Great Falls des Missouri gesehen, über die der Fluss 120 Meter in die Tiefe stürzte. Staudämme haben das Land seither völlig verändert. Die Vergangenheit wird noch einmal lebendig im Lewis and Clark National Historical Trail Interpretive Center. Dem berühmtesten Sohn der Stadt, dem Cowboy und Maler Charles M. Russell, ist ein bedeutendes Museum gewidmet. Die üppigen landschaftlichen Reize der Gegend sind im Lewis and Clark National Forest zu genießen.

Helena. 1864 hieß der Ort noch Last Chance, so benannt von erfolglosen Goldsuchern, die hier ihre letzte Chance sahen. Im Last Chance Gulch, wo heute die Main Street der Stadt verläuft, stießen sie auf das ersehnte Metall. Last Chance wurde zu Helena und 1875 zur Hauptstadt Montanas (mit derzeit 25 000 Einwohnern). Man ist stolz auf einen *Historic District* mit Häusern, die einst Bergarbeitern, Fuhrleuten, chinesischen Wäschern und Prostituierten als Unterkunft dienten, aber auch auf Errungenschaften wie das Montana Historical Society Museum (mit einer Charles M. Russell Sammlung), das State Capitol (mit Wandmalereien von Russell und E. S. Paxson), die Cathedral of St. Helena (angeblich dem Kölner Dom nachempfunden) und das Original Governor's Mansion.

Indianerreservate. Das größte Reservat ist die Crow Indian Reservation mit rund 8500 Bewohnern im zentralen Süden des Staates. Hier befindet sich das Schlachtfeld, auf dem Oberstleutnant George A. Custer und viele seiner Soldaten 1876 ihr Leben ließen (siehe Special S. 178). Es folgen die Blackfeet Indian Reservation im Nordwesten mit 7500 Bewohnern, die Flathead Indian Reservation im Westen mit etwa 5000 Salish und Kootenai Flathead, die Northern Cheyenne Indian Reservation im Südosten mit rund 4500 Northern Cheyenne, Fort Belknap Indian Reservation im zentralen Norden mit 4000 Assiniboin und Gros Ventre und schließlich Fort Peck Indian Reservation im Nordosten, bewohnt von Assiniboin und Sioux.

Little Bighorn Battlefield National Monument. Siehe Special Seite 178.

National Bison Range. In einem riesigen Freigehege 70 Kilometer südwestlich von Polson tummeln sich etwa 500 Bisons und andere heimische Wildtiere. Durch das

Als Sonnentanzpriester und Heiler ist Ron Hawks (Lakota) im Besitz des gesammelten Wissens seiner Vorfahren. Das erübrigt freilich nicht die Lektüre der Tageszeitung.

Gelände führt eine 30 Kilometer lange Schotterpiste. Vorsicht beim Fotografieren! Büffel können gefährlich sein.

Nevada City. Siehe Virginia City.

Three Forks. Zehn Kilometer nördlich des Städtchens treffen drei Flüsse aufeinander, die dann den Missouri bilden. Lewis und Clark erreichten diesen Punkt im Juli 1805, gaben den Wasserläufen die Namen Gallatin (damals Finanzminister), Madison (Außenminister) und Jefferson (Präsident) und hofften, dass der westlichste von ihnen (Jefferson) sie in Richtung Pazifik führen würde. Heute befindet sich hier der landschaftlich reizvolle Missouri Headwaters State Park.

Virginia City/Nevada City. Als im Mai 1863 von sechs Männern im Alder Gulch Creek Gold gefunden wurde, fielen innerhalb eines Monats über 10 000 Glücksritter über die Gegend her. In Windeseile entstanden Virginia City und Nevada City – mit allem, was zu einer Goldgräberstadt gehörte: Geschäften, Werkstätten, Herbergen, Saloons, Bordellen, chinesischen Wäschern und Ganoven. Von der schlimmsten Sorte war ein gewisser Henry Plummer, der als Sheriff mit einer Bande von Dieben, Räubern, Wegelagerern und Mördern das Land zwischen hier und Bannack terrorisierte, ehe er mit 24 Komplizen im Januar 1864 am Galgen endete. Schon nach elf Jahren verkamen die beiden Orte zu Geisterstädten. Dem heutigen Besucher präsentieren sie sich als malerische Zeugen einer wilden Zeit, die Filmemacher immer wieder als passende Kulisse entdecken.

North Dakota

Bismarck. Die Dampfschiffer auf dem Missouri kannten den Ort als »the Crossing«. Die Macher der Northern Pacific Railroad hofften auf deutsches Kapital und gaben ihm 1873 den Namen des ersten deutschen Reichskanzlers. Bismarck (derzeit etwa 50 000 Einwohner) wurde 1883 Hauptstadt. Über die Geschichte der Region informiert das North Dakota Heritage Center. Die ehemalige Residenz der Gouverneure (Former Governors' Mansion State Historic Site) wurde für den Tourismus aufbereitet und der Sitz von Regierung und Parlament (State Capitol) wird dem Publikum als »Wolkenkratzer der Prärie« angedient. 15 Kilometer nordwestlich der Stadt stößt man auf die Überreste eines Dorfes der Mandan-Indianer, Double Ditch Indian Village. Alljährlich Anfang September findet in Bismarck der United Tribes Powwow statt, eines der größten indianischen Feste Nordamerikas.

Fort Totten State Historic Site. Fort Totten südwestlich von Devils Lake wurde zum Schutz des Landweges nach Montana errichtet und war der letzte Militärstützpunkt diesseits einer sich 500 Kilometer nach Westen ausdehnenden Wildnis. Die Anlage zählt zu den am besten erhaltenen westlich des Mississippi.

Warenangebot im Custer Battlefield Trading Post der Crow Agency (Montana). Verkaufserlöse kommen den Crow direkt zugute.

Fort Union Trading Post/Fort Buford. Für die American Fur Company errichtete 1829 Kenneth McKenzie an der Einmündung des Yellowstone River in den Missouri einen Handelsposten, Fort Union, der sich schnell zum bedeutendsten im Einzugsgebiet der beiden Flüsse entwickelte. Mit dem Ende des Pelzhandels kam in den 1850er-Jahren die Stilllegung des Forts. Angesichts wachsender Unruhen unter den Sioux baute die US-Armee 1866/67 in unmittelbarer Nähe Fort Buford, in dem zeitweise sechs Kompanien stationiert und berühmte Häuptlinge wie Chief Joseph, Gall und Sitting Bull interniert waren. Materialien für den Neubau lieferte Fort Union. Beide Einrichtungen sind rekonstruiert (Fort Union Trading Post National Historic Site) oder restauriert (Fort Buford State Historic Site) worden.

Indianerreservate. Im Westen des Staates befindet sich Fort Berthold Indian Reservation mit rund 4000 Mandan, Hidatsa und Arikara und im zentralen Norden Devils Lake Sioux Indian Reservation mit ebenfalls etwa 4000 Bewohnern. Standing Rock Indian Reservation im Süden reicht weit nach South Dakota hinein. Details deshalb unter South Dakota, Indianerreservate.

Knife River Region. An der Einmündung des Knife in den Missouri (in der Nähe der Orte Hazen, Stanton, Hensler und Washburn) betritt man geschichtsträchtigen Boden. Als Lewis und Clark 1804 hier ihr Winterlager aufschlugen, stießen sie auf drei Dörfer aus Erdhäusern (*earth lodges*), in denen 900 Mandan lebten. Ähnliche Dörfer bewohnten in dieser Gegend seit 8000 Jahren auch die Hidatsa und Arikara. Hier begegneten die beiden Forscher dem Trapper Toussaint Charbonneau und dessen Shoshone-Squaw Sacajawea, die die Expedition als Dolmetscher und Kundschafter in den Westen begleiteten. Einzelheiten sind im Lewis and Clark Interpretive Center in Washburn zu erfahren. 1830/31 errichtete die American Fur Company bei den Mandandörfern einen Handelsposten, Fort Clark, wo sich in den frühen 1830er-Jahren illustre Gäste einfanden: die Maler George Catlin und Karl Bodmer und der Naturforscher Maximilian Prinz zu Wied, denen wir eindrucksvolle Bilder und Berichte verdanken. Reste dieser Stätten sind im Knife River Indian Village National Historic Site, Fort Clark State Historic Site und Fort Mandan State Historic Site zu sehen. Den Missouri in seiner Ursprünglichkeit gibt es kaum noch. Im Cross Ranch State Park and Nature Preserve südlich von Hensler kann man ihn erleben.

Lake Sakakawea. Der Missouri wird vom Garrison Dam auf eine Länge von 280 Kilometern nach Westen gestaut und bildet so den Lake Sakakawea. Der See, benannt nach der jungen Shoshone Sacajawea, die die Lewis-und-Clark-Expedition begleitet hatte, dient der Trinkwasser- und Elektrizitätsgewinnung sowie der Bewässerung von Trockengebieten und als Erholungsgebiet. Nach einer

Blick auf den zugefrorenen Missouri bei Washburn (North Dakota).

Pockenepidemie 1837/38 um Fort Clark am Knife River zogen Überlebende der Mandan, Hidatsa und Arikara den Missouri hinauf in das Gebiet der heutigen Fort Berthold Indian Reservation. Das ausgezeichnete Three Affiliated Tribes Museum westlich von New Town erzählt diese Geschichte.

Theodore Roosevelt National Park. Lange bevor er Präsident der Vereinigten Staaten wurde (1901–1909), war Theodore Roosevelt ein großer Förderer des Nationalpark-Gedankens. Dass gerade dieser Park seinen Namen trägt, hängt freilich damit zusammen, dass es ihm diese Gegend angetan hatte und er für kurze Zeit sogar eine Ranch (Elkhorn) betrieb. Der Park besteht aus einer North Unit, der relativ unerschlossenen Elkhorn Ranch Unit und der South Unit, dem größten und spektakulärsten der drei Teile. Prärien mit ihren verschiedenartigen Gräsern, geschützt als National Grassland, bestimmen weithin das Bild des Parks, in dem sich Bison, Wildpferd, Präriehund, Hirsch, Gabelbock, Kojote, Luchs, Dachs und Klapperschlange heimisch fühlen. Ein Besuchermagnet sind die Little Missouri Badlands in der South Unit, eine raue, abweisende Science-Fiction-Landschaft mit bizarren Gesteins- und Erdformationen. Der Park ist ein Paradies für Wanderer, Trekker, Mountainbiker, Kanuten und Reiter. Mit Auto lässt er sich in einem halben Tag »erfahren«. Das Städtchen Medora und das Chateau de Mores State Historic Site sind einen Besuch wert.

South Dakota

Badlands National Park. Die Badlands, seit 1978 ein Nationalpark, sind eine durch Erosion und Ausschwemmung entstandene kahle, extrem trockene Landschaft, der kantige Bergrücken aus Fels, Geröll, Sand und Erde sowie spitze Türme, Zacken, Spalten, Schluchten und zarte Farbspiele den Charakter des Virtuellen verleihen. Dennoch leben hier wirkliche Tiere wie etwa Streifenhörnchen, Dickhornschaf, Luchs, Kojote, Klapperschlange, Adler und Eule. Zu den Schätzen des Parks zählen ferner ein Stück ursprünglicher Prärie und ein 1909 erbautes, für die Pionierzeit typisches Farmhaus (*sod house*, Prairie Homestead Historic Site). Mehrere Parkstraßen führen zu den schönsten Punkten.

Belle Fourche. Jedes Jahr um den 4. Juli (Unabhängigkeitstag) wird die kleine Stadt zur Pilgerstätte für tausende von Cowboyfans. Zu dieser Zeit findet der Black Hills Roundup statt, ein Rodeo der Extraklasse.

Black Hills. Mit ihren Wäldern, diversen Landschaften, steilen Anstiegen und tiefen Abgründen, ihren schroff aufragenden Felsen, Naturwundern und ihrer Geschichte zählen die Black Hills zu den reizvollsten Gegenden der USA. Wo sich die Natur besonders schön gibt, ist sie staatlich geschützt. Im Wind Cave National Park und Jewel Cave National Monument werden zwei der gran-

Zu den am weitesten verbreiteten Tierarten Nordamerikas zählen der Virginiahirsch (oben links) und das Goldmantel-Ziesel (oben rechts). – Der Eistaucher (unten links) ist im Indianerland eher selten, da er kältere Regionen bevorzugt, während der Bison, gemeinhin Büffel genannt (unten rechts), als geschützte Art wieder häufiger anzutreffen ist.

diosesten Höhlensysteme der Welt gehütet. Zu den attraktivsten Teilen der Black Hills gehört der Custer State Park mit seinen Wanderwegen, Seen, einer Wildlife Road und dem spektakulären Needles Highway (Route 87). Jenseits der Grenze zu Wyoming liegt das Devils Tower National Monument, ein 260 Meter hoher Kegel aus vulkanischem Gestein, der nahezu senkrecht in den Himmel ragt.

1868 handelte Washington den Lakota Sioux das Einverständnis zum Bau einer Bahnlinie ab und garantierte ihnen im Gegenzug die Black Hills als unverbrüchliches Eigentum auf alle Zeit, denn diese Berge waren ihnen heilig. Die Ewigkeit währte freilich nur bis 1876, als ein Goldrausch den Vertrag gegenstandslos machte. In Städtchen wie Deadwood, Keystone, Lead und Sturgis, in denen Calamity Jane, Poker Alice, Deadwood Dick und Wild Bill Hickok einst Karriere machten, sind die turbulenten Tage von damals noch allgegenwärtig in Form von authentischen, aber auch verkitschten Reminiszenzen mannigfacher Art. Urgeschichtliches bietet das hübsche Hot Springs, wo Skelette von über 50 Mammuten gefunden wurden und im Mammoth Site zu besichtigen sind. Zu Mount Rushmore National Monument und Crazy Horse Memorial siehe Special Seite 86.

Indianerreservate. Im Nordosten von South Dakota befindet sich die von Sisseton und Wahpeton Sioux bewohnte Lake Traverse Indian Reservation, im Südosten die Yankton Indian Reservation mit etwa 4000 Yankton Sioux und im Zentrum die Lower Brule und die Crow Creek Indian Reservation. Cheyenne River Indian Reservation und Standing Rock Indian Reservation sind historisch bedeutsam geworden. Cheyenne River (Heimat von derzeit 13 000 Teton Lakota Sioux) war ein Zentrum der Geistertanz-Religion auf der nördlichen Ebene, Standing Rock die Heimat des legendären Hunkpapa-Sioux Sitting Bull, der dort bei seiner Festnahme 1890 auch getötet wurde. Im Südwesten wurden 1878 für die Brule Sioux die Rosebud Indian Reservation (zurzeit rund 25 000 Bewohner) und für die Oglala und Lakota Sioux Pine Ridge Indian Reservation eingerichtet. Im Ort Rosebud findet immer Ende August der Rosebud Sioux Tribal Fair and Powwow statt. Während der Sommermonate werden Powwows auch an Samstagen und Sonntagen veranstaltet. Pine Ridge war Schauplatz des Massakers am Wounded Knee Creek 1890 (Wounded Knee Historical Site, siehe Special S. 178). Jeweils Anfang August feiern die Oglala Sioux im Ort Pine Ridge ihren Oglala Nation Fair and Rodeo.

Mitchell. Der Corn Palace der kleinen Stadt stellt ein Kuriosum dar. Es handelt sich um einen Bau in maurischem Stil, der als Mehrzweckhalle genutzt wird. An seinen Außenwänden entstehen jährlich neu riesige Wandbilder – Motive des alten Westens – aus 275 000 Maiskolben. Kitsch hin, Kitsch her – der Anblick ist

Auch bei den einstigen Prärierittern musste das geschmückte Pferd vielerorts dem aufgeputzten Automobil weichen. Crow Fair, Crow Agency (Montana).

beeindruckend. Das Mitchell Prehistoric Indian Village zeigt Nachbauten zweier freigelegter Mandan-Häuser aus dem 11. Jahrhundert.

Pierre. Mit nur 13 000 Einwohnern ist Pierre die Hauptstadt South Dakotas. Mehr als 30 Gebäude aus dem späten 19. Jahrhundert konstituieren die »1880 Town«. Sehenswert auch das imposante Regierungs- und Parlamentsgebäude (State Capitol) und das South Dakota Cultural Heritage Center.

Rapid City. 1876 von Goldsuchern gegründet, ist mit 55 000 Einwohnern die zweitgrößte Stadt South Dakotas. Als Tor zu den Black Hills wurde der Ort rasch zu einem Versorgungszentrum für den Bergbau. Etwas vom Flair dieser Zeit ist im Commercial Historic District lebendig geblieben. Die Rolle des Bergbaus hat längst der Tourismus übernommen. Entsprechend fällt manches, was dem Besucher geboten wird, in die Rubrik Amüsierbetrieb. Empfehlenswert sind aber auf jeden Fall das Journey Museum und das Museum of Geology. Im Rahmen der Black Hills Autumn Exposition findet jeweils Mitte Oktober der Black Hills Powwow statt.

Wall. Der Ort mit etwa 800 Einwohnern hat durch Wall Drug Berühmtheit erlangt. Neben Drogerie, Apotheke, Gemischtwarenhandlung und Café besteht »Amerikas größter Drugstore« aus über 30 Boutiquen und Souvenirläden. Dem kostenlosen Eiswasser, das seit der Eröffnung 1931 an Touristen ausgeschenkt wird und das den Erfolg von Ted Husteads Apotheke begründete, ist das Unternehmen ebenso treu geblieben wie dem Nostalgiepreis von fünf Cents für eine Tasse Kaffee.

Wyoming

Bighorn Mountains. Unter den Gebirgslandschaften der USA sind die Bighorn Mountains im zentralen Norden des Staates, die bis zu 4000 Meter Höhe aus der Ebene ragen, ein Juwel. Ausgedehnte Wälder und blühende Bergwiesen gewähren einer artenreichen Tierwelt Schutz und Nahrung. Zu den schönsten Teilen des Massivs, das von drei Straßen durchquert wird, zählt die Cloud Peak Wilderness Area.

Casper. Die Stadt verdankt ihre Entwicklung einem Erdölboom, der im Jahr 1890 begann. Öl spielt in der Ökonomie der Region immer noch eine wichtige Rolle. Hinzugekommen sind Kohle- und Uranbergbau. Ein Nachbau von Fort Casper, das den Oregon Trail schützen half, ist am Fort Casper Museum and Historic Site zu besichtigen. Rund 100 Kilometer südwestlich der Stadt befinden sich zwei wichtige Wegmarken am Oregon Trail, Devil's Gate, wo sich der Sweetwater River durch eine imposante Felsspalte zwängt, und Independence Rock, in den über 50 000 Oregonfahrer ihren Namen geritzt haben.

Der Gedenkstein am South Pass (Wyoming) markiert den Ort, an dem Oregon-Fahrer die Rocky Mountains und die kontinentale Wasserscheide überquerten.

OLD
OREGON
TRAIL
1843-57

Exponate im Museum of the Plains Indian, Browning (Montana). Federschmuck, Glasperlenmuster, Rasseln und Bemalung sind Embleme, an denen sich der Status eines Kriegers ablesen lässt.

Cheyenne. Als die Union Pacific Railroad 1867 Cheyenne erreichte, setzte für das »Kuhdorf« ein rasantes Wachstum ein mit Turbulenzen, die ihm den Ruf einer »Hölle auf Rädern« einbrachten. Heute ist Cheyenne Hauptstadt und mit 50 000 Einwohnern die größte Stadt Wyomings, die eine der am besten erhaltenen Altstädte der Pionierzeit vorweisen kann. Besondere Beachtung verdienen das Union Pacific Railroad Depot, der Old Town Square, das »Historic Plains Hotel«, Historic Governor's Mansion, Wyoming State Capitol Building, Wyoming State Museum, Nelson Museum of the West und die Wyoming Arts Council Gallery. Höhepunkt der Cheyenne Frontier Days jeweils Ende Juli ist ein Rodeo.

Cody. Die Stadt (8000 Einwohner) an der Ostzufahrt zum Yellowstone ist benannt nach William F. Cody, weltweit bekannt als Buffalo Bill (siehe Special S. 106), der an deren Gründung 1896 beteiligt war. Das hier beheimatete Buffalo Bill Historical Center ist ein einzigartiger Museumskomplex, der sich aus dem Buffalo Bill Museum, Cody Firearms Museum, Plains Indian Museum und der Whitney Gallery of Western Art zusammensetzt. Für Buffalo-Bill-Fans ist das Irma Hotel, das der Showstar bauen ließ und den Namen seiner Tochter trägt, ein Schrein. Aber auch Unterhaltung *western style* in Form von Festen, Rodeos, Lieder- und Balladenabenden wird vom Frühjahr bis in den Herbst reichlich geboten. Der Plains Indian Powwow findet immer Ende Juni statt.

Devil's Tower National Monument. Siehe South Dakota, Black Hills.

Flaming Gorge National Recreation Area. Südlich der Stadt Green River frisst sich der Fluss gleichen Namens durch eine zerklüftete Felslandschaft mit tiefen Schluchten. Ein 150 Kilometer langer Stausee in herrlicher Landschaft ist als Erholungsgebiet geschützt. Ein Abstecher über die Grenze nach Utah und Colorado zu den Dinosauriern im Dinosaur National Monument ist lohnend.

Fort Laramie National Historic Site. Fort Laramie im Südosten Wyomings war zwischen 1834 und 1849 einer der wichtigsten Stützpunkte der American Fur Company und von 1849 bis 1890 der US-Armee. Oregon, California und Mormon Trail führten vorbei und der Bozeman Trail zum Gold Montanas nahm hier seinen Anfang. An gleicher Stelle hatte der *mountain man* Jim Bridger mit Partnern bereits einen Handelsposten betrieben.

Grand Teton National Park. Siehe Special Seite 150.

Indianerreservate. An der Ostseite der Wind River Range liegt das einzige Reservat Wyomings, Wind River Indian Reservation. Hier leben rund 4000 Arapaho und 3500 Shoshone. Hauptort ist Riverton, wo in den Sommermonaten regelmäßig Powwows der beiden Nationen abgehalten werden. Jeweils Anfang Juli findet das 1838 eingeführte Mountain Man Rendezvous statt. Das Riverton Museum informiert über Geschichte und Kultur der Arapaho und Shoshone und die Pionierzeit.

Jackson. Der Ort am südlichen Rand des Grand Teton National Park ist Mittel- und Ausgangspunkt von Urlaubs- und Freizeitspaß ohne Ende. Geboten werden Alpinski in den Skigebieten von Jackson Hole und Snow King, Rafting und Kanufahrten auf dem Snake, Mountainbiking, Planwagen- und Reittouren ins Hinterland und anderes mehr. Der alte Westen lebt beim abendlichen *shootout* auf dem Jackson Town Square wieder auf, wenn Banditen eine Postkutsche überfallen.

Laramie. Die Universitätsstadt Laramie (knapp 30 000 Einwohner) gilt als Kulturhauptstadt Wyomings. Eine Reihe von Museen, Kunstsammlungen und ein gut erhaltener Stadtkern mit viktorianischer Architektur begründen diesen Ruf. Vor der Stadt liegen die Medicine Bow Mountains mit dem Snowy-Range-Skigebiet.

Pinedale. Die Umgebung des Ortes an der Westseite der Wind River Range ist Cowboyland. In und um Pinedale sieht man noch echte Cowboys bei der Arbeit. Berge, Wälder, Seen, Flüsse und Bäche bilden hier ein reizvolles Szenario, das Naturfreunde, Jäger und Fischer lockt. Das Museum of the Mountain Man thematisiert den Pelzhandel und die Erschließung des Westens.

Sheridan. Der Ort entstand, nachdem die Cheyenne, Sioux und Crow unterworfen und in Reservate gezwungen waren. Der Main Street Historic District, der angeblich mehr Bauten des späten 19. Jahrhunderts aufweist als jeder andere im Land, die angrenzenden Bighorn Mountains und die Möglichkeiten zum Aktivurlaub auf einer Ranch in der Umgebung haben die Stadt zu einem touristischen Zentrum gemacht. Rund 30 Kilometer südlich liegt Fort Phil Kearny State Historic Site. Das Fort wurde zum Schutz des Bozeman Trails eingerichtet.

South Pass City State Historic Site. South Pass City, eine teils restaurierte, teils rekonstruierte Geisterstadt, entstand 1867 nach einem Goldfund und wuchs binnen eines Jahres auf 2000 Einwohner an. Es entwickelte sich zu einem der wildesten Goldgräbercamps des Westens. Ein Biergarten, 13 Saloons, Spieler, Animiermädchen, Prostituierte und Ganoven sorgten für hohen Freizeitwert. Geschichte schrieben der Kneipier William Bright, der als Abgeordneter 1869 im Territorialparlament das Wahlrecht für Frauen durchsetzte, und Esther Morris, die mit ihren stattlichen 180 Zentimetern Länge 1870 die erste Friedensrichterin der USA wurde. Benannt wurde der Ort nach dem westlich liegenden South Pass, über den Oregon- und Kalifornienfahrer die Rocky Mountains und die kontinentale Wasserscheide überquerten.

Yellowstone National Park. Siehe Special Seite 164.

Two Medicine Lake, einer von über 200 Seen im Glacier National Park (Montana). Im Hintergrund Sinopah Mountain.

KANADA
GLACIER NATIONAL PARK
Browning
Havre
FORT BELKNAP IND. RES.
FORT PECK IND. RES.
Williston
Rugby
Devils Lake
BLACKFEET IND. RES.
FLATHEAD IND. RES.
Flathead Lake
Nat. Bison Range
Fort Benton
Glasgow
Fort Peck
Fort Union Trading Post
Fort Totten
DEVILS LAKE SIOUX IND. RES.
Grand Forks
Cheyenne River
FORT BERTHOLD IND. RES.
Missouri River
Great Falls
Fort Peck Lake
THEODORE ROOSEVELT NATIONAL PARK
Lake Sakakawea
Garrison Dam
Missoula
Lewistown
NORTH DAKOTA
Fargo
Knife R.
Bismarck
Rocky Mountains
Bitterroot River
Deer Lodge
Helena
MONTANA
Anaconda
Big Hole Nat. Battlefield
Butte
Three Forks
Yellowstone River
Miles City
STANDING ROCK IND. RES.
Whitestone Hill Battlefield
James River
LAKE TRAVERSE IND. RES.
Red River
MINNESOTA
Bozeman
Billings
Little Missouri River
Bannack
Chico Hot Springs
CROW IND. RES.
NORTHERN CHEYENNE IND. RES.
Lake Hiddenwood
Aberdeen
Virginia City
Big Sky
Bighorn Canyon
LITTLE BIGHORN BATTLEFIELD N.M.
CHEYENNE RIVER IND. RES.
SOUTH DAKOTA
Watertown
YELLOWSTONE NATIONAL PARK
Cody
Bighorn Mts.
Sheridan
Belle Fourche
Lake Oahe
DEVILS TOWER N.M.
Cheyenne River
Pierre
CROW CREEK IND. RES.
IDAHO
GRAND TETON NATIONAL PARK
BLACK HILLS
Rapid City
Wall
Lower Brule
Mitchell
Idaho Falls
Jackson
WIND RIVER IND. RES.
WYOMING
BADLANDS NATIONAL PARK
PINE RIDGE IND. RES.
YANKTON IND. RES.
Sioux Falls
Missouri River
Shoshoni
Hot Springs
Wounded Knee
Vermillion
Snake River
Pinedale
Riverton
ROSEBUD IND. RES.
Green River
Sweatwater R.
Casper
Devils Gate
Independence Rock
FOSSIL BUTTE N.M.
South Pass City
Wheatland
Fort Laramie
NEBRASKA
Green River
Fort Bridger
Flaming Gorge
Laramie
Cheyenne
UTAH
COLORADO
KANADA
USA
MEXIKO
INDIANERLAND
N
National Park
Indian Reservation
0
100 km
Ind.Res. = Indian Reservation
N.M. = National Monument

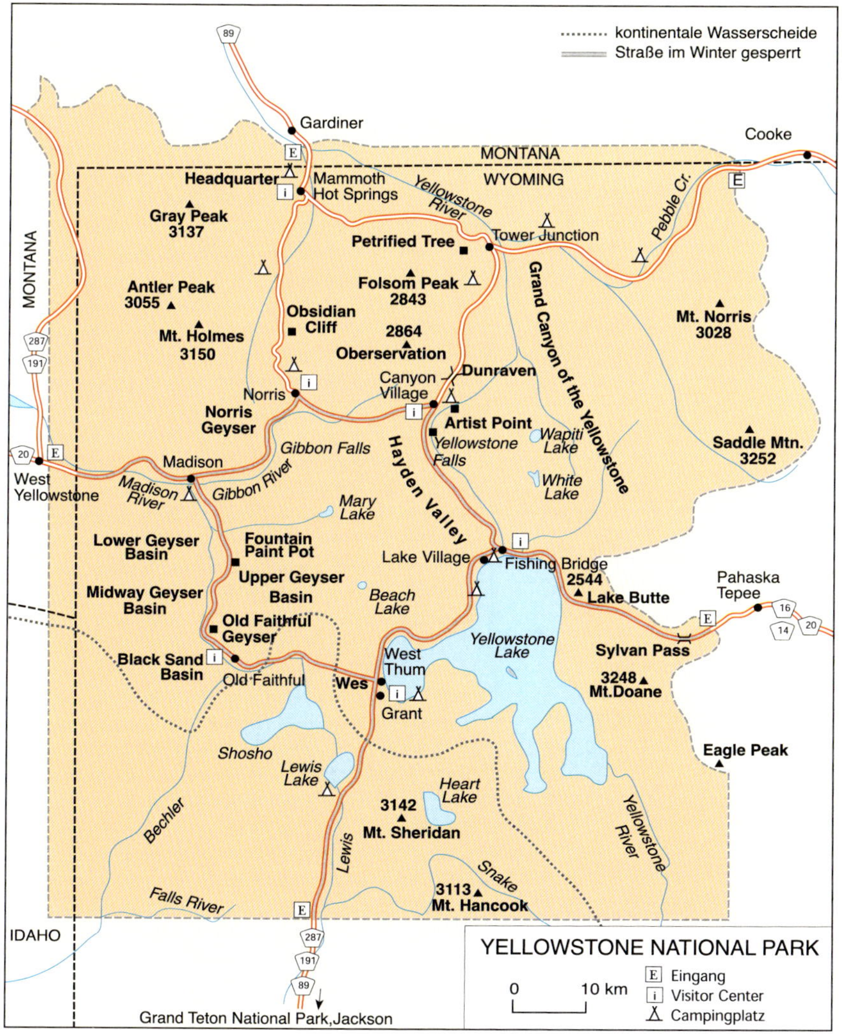
kontinentale Wasserscheide
Straße im Winter gesperrt
89
Gardiner
Cooke
MONTANA
WYOMING
Headquarter
Mammoth Hot Springs
Yellowstone River
Pebble Cr.
Gray Peak 3137
Tower Junction
Petrified Tree
Antler Peak 3055
Folsom Peak 2843
Grand Canyon of the Yellowstone
Mt. Norris 3028
Obsidian Cliff
Mt. Holmes 3150
2864 Oberservation
MONTANA
287
191
Canyon Village
Dunraven
Norris
Norris Geyser
Artist Point
Yellowstone Falls
Wapiti Lake
Saddle Mtn. 3252
Gibbon Falls
20
West Yellowstone
Madison
Madison River
Gibbon River
Hayden Valley
White Lake
Mary Lake
Lower Geyser Basin
Fountain Paint Pot
Lake Village
Fishing Bridge
2544 Lake Butte
Pahaska Tepee
Upper Geyser Basin
Midway Geyser Basin
Beach Lake
16
14
20
Old Faithful Geyser
Yellowstone Lake
Sylvan Pass
Black Sand Basin
Old Faithful
Wes
West Thum
Grant
3248 Mt.Doane
Shosho
Lewis Lake
Heart Lake
Eagle Peak
3142 Mt. Sheridan
Bechler
Lewis
Yellowstone River
Falls River
Snake
3113 Mt. Hancock
IDAHO
287
191
89
Grand Teton National Park,Jackson
YELLOWSTONE NATIONAL PARK
0 10 km
Eingang
Visitor Center
Campingplatz

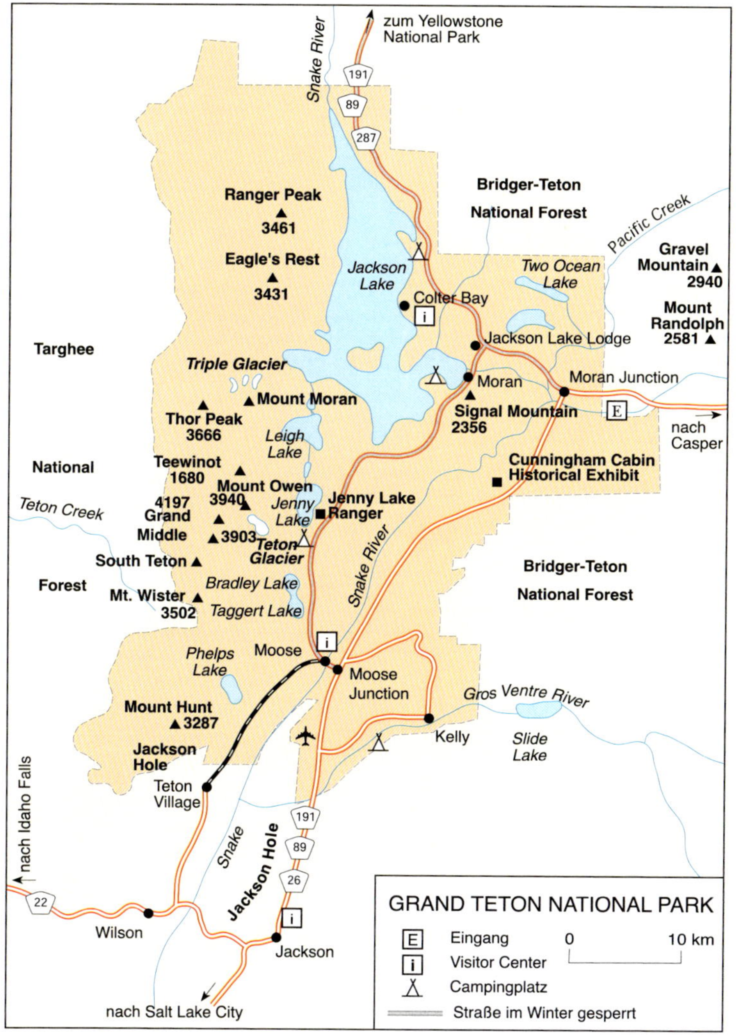
zum Yellowstone National Park
Snake River
191
89
287
Ranger Peak 3461
Bridger-Teton National Forest
Pacific Creek
Eagle's Rest 3431
Jackson Lake
Colter Bay
Two Ocean Lake
Gravel Mountain 2940
Mount Randolph 2581
Jackson Lake Lodge
Targhee
Triple Glacier
Mount Moran
Moran
Moran Junction
Thor Peak 3666
Signal Mountain 2356
nach Casper
Leigh Lake
National
Teewinot 1680
Cunningham Cabin Historical Exhibit
Mount Owen 3940
Teton Creek
4197 Grand
Jenny Lake
Jenny Lake Ranger
Middle 3903
Teton Glacier
South Teton
Snake River
Bridger-Teton National Forest
Forest
Bradley Lake
Mt. Wister 3502
Taggert Lake
Phelps Lake
Moose
Moose Junction
Gros Ventre River
Mount Hunt 3287
Kelly
Slide Lake
Jackson Hole
Teton Village
nach Idaho Falls
191
89
26
Snake
Jackson Hole
22
Wilson
Jackson
nach Salt Lake City
GRAND TETON NATIONAL PARK
Eingang
Visitor Center
Campingplatz
Straße im Winter gesperrt
0 10 km

Die Idylle könnte trügen. Büffel sind keine Kuscheltiere und nicht immer so friedlich. Die Farbe Rot mögen sie gar nicht.

Kompetenzteam: Häuptlinge der Blackfoot auf der North American Indian Days Celebration in Browning (Montana).

Impressum

Der Fotograf: Christian Heeb, 1962 geboren, zählt zu den erfolgreichsten Reisefotografen weltweit. Seine Fotos und Bildreportagen erscheinen in Magazinen wie »Abenteuer & Reisen«, »Animan« und »Grands Reportages«. Christian Heeb ist Bildautor von über 90 Büchern und unzähligen Kalendern. Er lebt auf einer Ranch in Bend, Oregon (USA) sowie in St. Gallen (Schweiz). In Deutschland vertritt ihn die Agentur laif in Köln. Seine Bilder werden international publiziert und ausgestellt. www.heebphoto.com

Der Autor: Friedrich W. Horlacher, 1935 in Ulm geboren, ist Amerikanist an der Universität Erlangen. Zahlreiche Veröffentlichungen über die USA und viele Reisen in die Region. Lebt bei Erlangen.

Einbandfotos:
Vorderseite: Ron Hawks bei Scotts Bluff National Monument (Nebraska); Rückseite: Abendstimmung mit Tipis; junge Cheyenne im Festgewand erwartet ihren Auftritt beim Powwow; Chuck und Shawn Real Bird, Crow-Häuptlinge.

Dank:
Christian Heeb dankt dem Schweizer »Lakota« Charly Juchler in South Dakota-Charly veranstaltet Reisen im Land der Lakota Indianer (www.chanteetan.com)-sowie Corinna Veit von Begegnungs-Reisen in Lindau (www.begegnungs-reisen.de).

Die Karten auf den Seiten 63, 224, 280 und 281 zeichnete Astrid Fischer-Leitl, München.

Bildnachweis:
Die historischen Abbildungen auf den Seiten 62, 63, 73, 106, 247, 70, 124, 130, 180, 181, 212, 248, 249 entstammen den Archiven des Verlags und des Autors.
Alle weiteren Fotos: Christian Heeb.

Unser Gesamtverzeichnis finden Sie unter www.bucher-verlag.de

Indianerland – Bei den Cheyenne, Lakota und Blackfoot
Alle Angaben dieses Bandes wurden von den Autoren sorgfältig recherchiert und vom Verlag auf Stimmigkeit und Aktualität geprüft. Allerdings kann keine Haftung für die Richtigkeit der Informationen übernommen werden. Für Hinweise und Anregungen sind wir dankbar. Zuschriften an den:
C. J. Bucher Verlag,
Produktmanagement,
Postfach 800240, D-81673 München,
E-Mail: lektorat@bucher-verlag.de

Bildauswahl und Produktmanagement: Joachim Hellmuth
Textlektorat: Caroline Kazianka, München
Grafische Gestaltung: Werner Poll
Herstellung: Bettina Schippel
Repro: Repro Ludwig, Zell am See
Printed and bound in Slowenia by MKT Print, Ljubljana

Die Deutsche Bibliothek – CIP Einheitsaufnahme
Ein Titeldatensatz für diese Publikation ist bei der Deutschen Bibliothek erhältlich.

ISBN 3-7658-1559-4

Medicine Rocks State Park im Südosten Montanas.
Die eigenartigen Formen entstanden durch Windschliff.